JN089345

地域から築く
自治と公共

中山 徹 著

自治体研究社

はしがき

　第213回国会が開かれていますが、ひどい国会だと思います。国民が怒っている裏金問題は肝心なところが解明されず、自民党が提出した政治資金規正法の改正案はざる法としか言えないような代物です。一方、本書でも書いていますが、戦争できる国づくりを目指して、防衛省設置法改正、経済秘密保護法等が可決されました。そのうえ地方自治法改正案が審議されています。

　異常な円安が続いている上、実質賃金は24ヵ月連続で低下、普通国債残高は1000兆円を超え先進国で最悪の財政状況です。日本は先進国の中で一人負けのような状態です。進んでいるのは戦争できる国づくりと社会保障予算など国民生活を支える予算の削減です。

　2024年4月に行われた衆議院議員補欠選挙では立憲が3勝しました。野党共闘を再構築、発展させ、政権交代につなげることができるかどうかが重要です。

　自治体の状況も同じです。多くの自治体は公共施設の統廃合、公立施設の民営化、指定管理者制度の導入などを進め、市民との軋轢が拡大しています。新型コロナ感染症で医療崩壊が起き、入院できずに自宅や高齢者施設で亡くなった方が多数おられましたが、病院の統廃合、病床の削減が進んでいます。福島原発の終息が見通せないにもかかわらず、各地で再稼働が進んでいます。元日に能登半島地震が起こりましたが、倒壊した家屋の撤去等は進んでおらず、上下水道が復旧していない地域も残されています。冷静に見れば関西万博はすでに破綻していますが暴走を続けています。

　そのような中で、沖縄県をはじめ基地の強化等に反対している自治体が頑張り、戦争できる国づくりを地域から阻止しています。自治体が進める学校統廃合を市民の力で阻止した地域も増えています。本書

でも取り上げましたが、市民の意向で、地方政治が大きく動いた選挙もありました。自治体レベルでもこのような動きを全国的な流れに発展させる必要があります。

　本書の前半では、地域に関連する国の動向と自治体の動向に焦点を当てて、どのようなことが地域で生じているのかを概観しつつ、このまま進むとどのような事態が地域と市民生活にもたらされるかをまとめました。後半では、どのような政策を自治体は進めるべきかを考えました。キーワードは「自治と公共性の再生」ですが、その内容を具体的に見ています。この間、市民の意向を反映して、選挙を通じて大きく動いた自治体があります。それらの選挙に共通している特徴を一言でいうと「投票率の上昇」ですが、その内容をデータに基づいて分析しました。そして最後に、地域を変える主体形成について考えています。

　新たな地方政治を確立したい、そのような考えを持っておられる方々に、本書が貢献できれば幸いです。

　2024 年 5 月

『地域から築く自治と公共』目次

1章 地域に関連する国政の動向
—戦争できる国づくり、社会保障費の削減、経済無策—

　地方政治は国政の影響を大きく受けます。最初に、国政の動向の中で地方政治、市民生活に大きな影響を与えるものを見ます。

1　戦争できる国づくり

安保三文書の改定

　2015年に安保法制が制定されました。一般的な名称は平和安全法制ですが、残念ながら、名前とは全く反対の内容です。一般的に国は個別的自衛権と集団的自衛権を持っています。個別的自衛権とは、その国が攻められたとき、自分の国を守る権利です。集団的自衛権とは、同盟を結んでいる国が攻められた時、自分の国が攻められていなくても、その攻められた国と一緒に戦うという権利です。国はこの個別的自衛権と集団的自衛権の両方を持つというのが通例です。

　一方、日本国憲法第9条では、戦力を保持しないと明記されています。それに対して政府は、国家であるため個別的自衛権は固有の権利として存在し、それを保障する自衛のための戦力は、憲法第9条があっても保持できるとしていました。それが自衛隊です。しかし集団的自衛権については、憲法第9条があるため、行使することはできないというのが、従来の政府解釈でした。

　ところが当時の安倍内閣は、一定の条件の下で集団的自衛権の行使ができると憲法上の解釈を大きく変えました。これを制度化したのが安保法制です。日本とアメリカは同盟を結んでいます。もしアメリカ軍が攻められた場合、たとえ日本が攻められていなくても、日本の自衛隊も参戦できるようになりました。アメリカ軍は世界規模で展開し

ていますが、そのアメリカ軍がどこかで攻められたりすると、日本も参戦する場合があるということですから、日本が戦争に巻き込まれる可能性が飛躍的に高まりました。

2015年の安保法制は、日本の平和にとって大きな転換点でしたが、この安保法制だけでは集団的自衛権の行使に向けて具体的な準備を進めることができませんでした。そこで2022年12月に安保三文書の改定が行われました。安保三文書とは「国家安全保障戦略」「国家防衛戦略」「防衛力整備計画」の3つの文書の総称です。安保三文書を改定した目的は、2015年の安保法制を具体的に進めるための条件整備にあります。この安保三文書の改定は、国会で議論するわけでもなく、閣議だけで決めてしまいました。このような重大な事を閣議だけで決めてしまって良いのかと思います。

敵基地攻撃能力の保有と防衛予算の倍増

安保三文書ではいろいろなことが決められましたが、一つ目に重要なことは敵基地攻撃能力の保有です。個別的自衛権は日本を守るために必要な自衛のための戦力であり、その範囲であれば憲法が禁止している戦力ではないとしていました。これが専守防衛で自衛隊の装備はあくまでも日本を守るための戦力に限定していました。ところが、安保三文書の改定で敵基地攻撃能力を持つとしました。例えばアメリカ軍が攻められたら、アメリカ軍を攻めた国の基地を、日本の自衛隊が攻撃できる力をもつということを決めてしまったわけです。しかもこの攻撃対象である敵基地はミサイル基地などに限定されていません。そのため、軍に関連する行政機関などを攻撃対象にすることが可能です。

二つ目に重要なことは、防衛予算を2027年までに倍増するということです。これまでも、日本の防衛予算は少しずつ増えていました。し

かし、日本は専守防衛の国であり、他国に脅威を与えないというのが日本の憲法上の解釈でしたから、防衛予算はGDP比1％を超えないというのが不文律として存在していました。ところが、それを撤廃して、2027年までに防衛予算をGDP比2％まで増やすことを決めました。敵基地攻撃能力などを保有するためには、従来の防衛予算では足りないからです。ただ、これはGDP比2％まで増やして終わりではありません。その後もずっと上がり続けます。そうなると自衛隊は他国に脅威を与えない存在ではなく、専守防衛を超え、世界有数の軍事大国になります。

軍事産業の育成

日本には2014年まで、武器輸出三原則があり、原則として武器の輸出が禁止されていました。2014年、安倍内閣はそれを防衛装備移転三原則に大きく転換させました。従来は武器の輸出が実質的に禁止されていたのに対し、新たな三原則では武器の輸出を原則的に認め、禁止する場合の三原則を示しました。それ以降、武器の輸出、武器の国際共同開発が急速に進みます。

ただそれでも無制限に輸出できたわけではありません。たとえば戦闘機の場合、直接の殺傷能力のないエンジン、翼などに限定し、殺傷能力があるものは、救難、掃海などに限定していました。

それが2024年3月、武器装備移転三原則運用指針を見直し、イギリス、イタリアと共同開発してきた次期戦闘機を輸出できるようにしました。戦闘機であり、救難、掃海などに使うものではなく、当然殺傷能力があります。今回の見直しはイギリス、イタリアと共同で開発してきた戦闘機に限定していますが、いったんこのようなことを認めると、なし崩し的に武器輸出が拡大し、軍事産業の輸出額が増えると思われます。

　また、国際的にも兵器開発技術、生産の囲い込みが進んでいます。そのような中で国際的に優位な兵器開発力を保持するためには、国内で兵器開発力を高め、生産体制を維持する必要があります。また、それに関連するサプライチェーン全体を維持する必要もあります。そこで2023年6月に防衛産業強化法（「防衛省が調達する装備品等の開発および生産のための基盤の強化に関する法律」）が制定され、企業の取り組む製造工程の効率化やサイバーセキュリティ強化等を国が財政的に支援し、事業継続のため企業の国有化もできるようにしました。

国民監視体制の強化

　軍事力の強化、防衛産業の育成などを進めつつ、他方では国民監視が強められています。2019年、土地利用規制法（「重要施設周辺及び国境離島等における土地等の利用状況の調査及び利用規制等に関する法律」）が制定されました。この土地利用規制法は、日本の防衛上、重要な地域については周辺の土地利用を規制するという法律です。もちろん個人の敷地であっても、そこに建物を建てる場合、周辺環境を悪化しないように様々な開発規制がかかります。今回の土地利用規制法の目的は重要施設（自衛隊基地や米軍基地）等の機能を阻害する開発行為を規制することにあります。そのため、重要施設の周辺1000m程度の範囲を注視区域に指定します。内閣総理大臣は、自治体に注視区域内の土地所有者の氏名、国籍などの情報提供を要求できます。その注視区域内で重要施設の機能を阻害する開発行為があれば、その者に勧告、命令を出すことができます。注視区域の中でも特に重要な区域については、所有者は土地を売買する前にあらかじめ内閣総理大臣に届け出る必要があります。

　すでに583ヵ所の区域が指定されており、防衛省市ヶ谷庁舎周辺では東京都千代田区、新宿区が指定され、横浜市、川崎市、大阪市など、

大都市も多く含まれています。かなり広大な面積の土地利用を安全保障という視点から監視することになります。しかも区域を指定し、勧告・命令を出すのは内閣総理大臣です。日本のまちづくりには土地利用の規制がありますが、規制するのは都道府県か市町村です。ところが土地利用規制法ではその権限が内閣総理大臣になっています。今の日本の動きをみると、基地については、地元自治体の意向は尊重せずに国が決めるという方針が顕著になっていますが、今回の土地利用規制法についても、その考えが貫かれています。

　もう一つは、今国会（第213回国会）で成立した経済秘密保護法（「重要経済安保情報の保護及び活用に関する法律」）です。これは基幹インフラ（電気、ガス、水道、通信など14分野）、重要物資（半導体など）を指定し、その情報に触れたり、漏らしたりした場合、罰せられる法律です。しかし、何が指定されたかは公表されないため、記者などが意図せず情報に触れたような場合であっても処罰の対象になります。また、それにかかわる民間技術者、研究者、労働者などは適正評価（セキュリティー・クリアランス）を受けなければなりません。その評価項目は、犯罪・懲戒歴、精神疾患歴、家族の国籍、飲酒の節度など多岐に及びます。評価を拒否しても不利益は受けないといわれますが、その情報を扱う業務から外れなければなりません。

　2013年に秘密保護法（「特定秘密の保護に関する法律」）が成立していますが、これは行政機関の秘密（防衛、外交など）を対象としたもので、適正評価を受けるのも公務員に限定されていました。もちろん、秘密保護法も人権の視点から見ると大きな問題を抱えた法律ですが、今回の経済秘密保護法はこれまでの枠組みを民間に広げるもので、監視の対象が一気に広がったといえます。

「日米同盟の最大の変化の一つ」―2024 年 4 月「日米首脳共同声明」

このような流れの中で 2024 年 4 月、日米首脳会談が持たれました。そこで発表された「共同声明」では、自衛隊とアメリカ軍の指揮統制の枠組み向上が明記されました。これは両軍の連携強化を意味します。これについて米政府高官は「1960 年の日米安保条約改定以来の『日米同盟の最大の変化の一つ』」と指摘しています。国内では、この動きを具体化するため、今国会で防衛省設置法が改定されました。これは、自衛隊とアメリカ軍の指揮系統連携強化を進めるため「統合作戦司令部」を設ける内容です。

さらに同声明には、米英豪（AUKUS）と日本の協力の検討、日米比の安全保障協力の強化も明記され、軍事ブロックの広域化、強力化が盛り込まれました。

敵基地攻撃能力の保持、防衛予算の倍増などによって、集団的自衛権行使の具体化を図りつつ、国際的には安保条約の強化、新たな軍事ブロックの創設を進めています。国内では、国民監視を強化していますが、歴史を振り返れば明らかなように、戦争しようとしている国は国内での民主主義を徹底的に奪っています。残念ながら、日本でもそのような動きが本格的に進みだしていると危惧せざるを得ません。

2　社会保障改革による国民負担拡大

全世代型社会保障改革

日本を戦争できる国に変えていくという動きが非常に強まっている一方で、国民生活を支える社会保障分野の改革が進んでいます。2022 年 12 月には全世代型社会保障構築会議報告書が出されました。全世代型社会保障構築会議というと、こどもから高齢者、障害のある人からない人まで豊かに暮らせるようなイメージですが、全く反対で、どう

1　「朝日新聞」2024 年 4 月 11 日付

社会保障を削減していくかという内容に焦点があります。

　具体的に動いているのは、保険料負担の引き上げ、利用者負担の引き上げなどです。たとえば後期高齢者医療では、保険料が2024年度から段階的に引き上げられます。その結果、2023年度までは年間保険料の上限額は66万円でしたが、2024年度は73万円、2025年度は80万円に引き上げられます。保険料そのものも引き上げられます。2023年度の月額平均保険料は6575円でしたが、2024年度は7082円、2025年度は7192円に上がります。これによって、約4割の高齢者の保険料が上がります。

　保険料の値上げだけではありません。すでに医療費の本人負担については、2022年10月から上がっています。それまでは、現役並みの所得のある方は3割負担、それ以外の方は1割負担でした。それが、1割負担の人のうち、ある程度以上の所得がある方は2割負担になりました。この変更によって2割負担になった方は、被保険者の約20%です。

介護保険制度の改定

　特に大きな争点になっているのは介護保険です。2024年から第9次介護保険事業計画期間に入っています。それに伴い、様々な見直しが実施されました。介護保険料では、所得が420万円以上の方は保険料が上がり、世帯全員が非課税の方は保険料が下がります。所得の低い方の保険料を下げるのは必要なことです。しかし、その財源を同じ高齢者で所得が高い方に求める方法がとられましたが、年収420万円程度で高所得者と判断されることには無理があります。また、上がる保険料の総額と下がる保険料の総額を見ますと、前者が大きくなっており、全体としてみると保険料は値上げとなります。そもそも、高齢者は所得の低い方が圧倒的に多く、その方々の保険料軽減に必要な財源

を同じ高齢者に求めることには無理があり、その方法に固執する限り、保険料の減額は限定的になるでしょう。

　さらに、介護老人保健施設（老健）の多床室室料を自己負担にしました。今まで多床室は無料でしたが、一定所得以上の方は室料が自己負担になりました。自己負担になった方は、老健利用者の約 35％、室料負担は月額 1 万 1000 円程度です。

　今回は見送りになりましたが、2027 年から始まる第 10 次の事業計画期間までに大規模な見直しを検討しようとしています。現在、ケアプランの作成は無料ですが、これの有料化ももくろまれています。また、要介護 1、2 の方が利用しているデイサービス、ヘルパーの派遣を介護保険から切り離し、総合事業に移行することも検討課題になっています。さらに、多くの人は介護保険の利用料本人負担が 1 割ですが、その一部を 2 割負担に変えることも検討するようです。

地域医療構想による病院統廃合、病床削減

　地域医療構想による病院の統廃合、病床の削減も進んでいます。後期高齢者が増えるため、もっと病院を充実させるというのではあれば賛成できます。新型コロナ感染症で、日本の医療が崩壊し、本来であれば入院すべき人が高齢者施設や在宅療養を余儀なくされ、多くの命が失われました。同じ悲劇を繰り返さないように、どのように病院を充実させるかを考えるべきですが、政府は新型コロナ感染症の教訓を生かそうとせず、病床の削減を進めています。能登半島のように医療体制がもともと脆弱な地域で、今回のような自然災害が起こると、地域で医療を受けることが難しくなります。本来であればそのようなことが起こらないようにすべきですが、逆に奥能登にある 4 つの公立病院の集約を進めると石川県知事は述べています。

　地域医療構想では、2013 年に 134.7 万床あった病床を 2025 年には

115 万床から 119 万床まで減らすことを掲げました。その結果、2022年で 119.9 万床まで減っています。そして 2022 年時点での見通しでは、2025 年には 119 万床まで減り、目標達成できるとしています[2]。ただ、病床削減はこれで終わりません。現在の地域医療構想の目標年次は 2025 年ですが、それ以降、次の地域医療構想を策定するための検討会を 2024 年 3 月に設置しています。次の目標年次は 2040 年ごろを考えているようですが、それに向けたさらなる病床削減の目標が設定されそうです。

3　破綻に直面する新たな成長戦略

構造的賃上げの幻想

　岸田内閣の成長戦略は、構造的賃上げ、国内投資の活性化、デジタル化です。しかし、その戦略は順調に進んでいるとは思えません。まず、構造的賃上げについて、予定では、賃上げ、投資による家計所得の増大、それらを通じた消費の拡大、企業の生産性向上を実現し、それがさらなる賃上げにつながるような社会（構造的賃上げ）を目指し、分厚い中間層を形成するとしています。

　岸田内閣の誕生は 2021 年 10 月です。実質賃金の対前年度比を見ますと、2021 年 11 月は 0.1％ のプラス、12 月はマイナス 1.3％、2022 年1 月はプラス 0.5％、2 月はプラスマイナスゼロ、3 月はプラス 0.6％でした。ところが 4 月にマイナス 1.7％ になって以降、2024 年 3 月まで 24 ヵ月連続マイナスになっています。24 ヵ月連続マイナスというのは統計を取り始めてから最も長い期間です。構造的賃上げどころか構造的賃下げという状況です（**図表 1−1**）。

　賃上げが進まない最大の理由は、政府が企業に賃上げをお願いし、

2　厚生労働省「第 1 回新たな地域医療構想等に関する検討会提出資料 2、新たな地域医療構想に関する検討の進め方について」2024 年 3 月

図表1−1　実質賃金の対前年度比

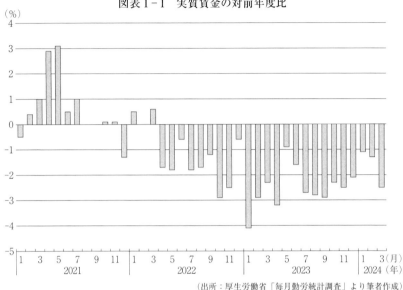

（出所：厚生労働省「毎月勤労統計調査」より筆者作成）

　それによって勤労者全体の賃上げを進めようとしているからです。個々の企業にとって、賃上げは利益の減少を招きます。もちろん、人材確保のために賃上げを進めることもありますが、そうすることで収益を長期的に上げることができると判断した場合に限られます。収益を下げてまで積極的に賃上げを進める企業はありません。また、国民の多くが働いている中小企業では、十分な収益が確保できていないため、賃金を上げるのは容易ではありません。

　特に賃金が低いのは、この間増えてきた不安定就業層、女性労働者です。不安定就業を減らすような労働政策、男女間の賃金格差是正を進める制度・政策、最低賃金の引き上げ、賃上げを進める中小企業に対する財政的支援などは、お願いではなく、政府の政策によって賃上げを進めるべきです。

図表1−2　半導体工場に対する国の補助金

企業名	場所	投資額	補助金（最大）
TSMC（台湾）	熊本	3兆円以上	1兆2,080億円
マイクロン・テクノロジー（米）	広島	6,894億円	2,385億円
PSMC（台湾）	宮城	8,000億円以上	未定
ラピダス（日本）	北海道	5兆円	3,300億円
キオクシア（日本）、ウエスタン・デジタル（米）	岩手、三重	7,288億円	2,429億円
SUMCO（日本）	佐賀	2,250億円	750億円
三菱電機（日本）	熊本	1,000億円	未定
ローム（日本）、東芝（日本）	石川、宮崎	3,883億円	1,294億円

（出所：webサイトの情報より筆者作成）

国内投資の活性化という大企業支援

　国内投資を拡大することで経済の活性化を進めるとし、そのもっとも重要な分野として半導体を指定しています。半導体は戦争できる国づくりという点からみても重要です。そこで政府は国内に半導体工場を整備する場合、従来の補助金とは桁違いの補助金を用意しています。

　図表1−2は主な企業と政府の補助金額です。台湾のTSMCが新設する半導体工場の総投資額は3兆円以上、国からの補助金は最大で1兆2080億円です。これ以外に1000億円以上の補助金が4社に支給される予定です。これだけの補助金を出し、多額の投資を引き出せば、一定の経済効果が生まれるでしょう。しかし補助金に見合った経済効果、雇用効果があるかは全く未知数です。国内での半導体の安定供給を目標としていますが、どの程度安定供給につながるのかも明らかになっていません。外国企業の場合、その工場立地を日本国内の産業育成、技術開発に繋げるのは困難でしょう。さらに、実際にどの程度効果があったかを検証する予定すらありません。

　唯一はっきりしていることは、国内投資の活性化を進めるためという名目で莫大な補助金が大手企業に費やされるということです。

デジタル化の実態

　成長戦略の最後はデジタル化です。日本のデジタル産業は国際的な競争の中で、明らかに遅れています。かつて、コンピュータが普及し始めた頃、NEC は独自の OS を持っていました。日本は当時、半導体も強く、コンピュータ市場でもかなりのシェアを持っていました。しかし現在、パソコンの OS は Mac と Windows の 2 つに、携帯分野では android と ios の 2 つに集約されています。日本の大手の情報産業や IT 産業は、そういう競争には、残念ながら全く関われていません。いま、GAFAM と言われる巨大な情報産業群がありますが、特許の数で見るとアメリカ、中国が世界をリードしています。そういう中で、日本でデジタル化を進めていくことで、どうやって日本の経済の活性化を図っていくのでしょうか。

　それは地域でのデジタル化です。地域で営まれている様々な市民の生活、医療、福祉、教育、観光、農林漁業、経済など、市民生活そのもののデジタル化です。2014 年から自治体は地方創生に取り組んできましたが、それがデジタル田園都市国家構想に替わっています。具体的内容は 3 章でみますが、一言でいうと自治体を総動員して地域のデジタル化を一気に進めるというものです。デジタル化を進めることで地域が抱える問題を解決し、地域経済の活性化を進めるというのが趣旨です。

　地域でのデジタル化を先導しているのがスーパーシティです。2022 年 4 月に、茨城県つくば市と大阪府・大阪市がスーパーシティの指定を受けました。大阪府・大阪市の提案は、2025 年実施予定の関西万博に合わせたもので、モビリティ、ビジネス・イノベーション、ヘルスケアの 3 分野で構成されています。そのうちモビリティは、空飛ぶ車と自動運転レベル 4 相当の自動運転バスが中心です。空飛ぶ車については「空飛ぶ車を万博会場へのアクセスや観光周遊サービスなどで活

用し、社会実装を実現」するとしています。空飛ぶ車は、当初の計画では、2025 年関西万博で「空飛ぶ車の万博アクセス」を実現し、2026 年以降は「日常での空飛ぶ車の普及」を実現するとしていました。また 2025 年に実現する空飛ぶ車は、会場周辺を中心とした遊覧飛行にとどまらず万博会場と空港などの会場外ポートとの 2 地点間飛行を行う、旅客を乗せた形での営業飛行を行う、高頻度な運航（万博会場で 1 時間に 20 回程度の離発着）を目指すとしていました。想定していた会場外ポートは、関西空港、伊丹空港、神戸空港、大阪市内、神戸市内、淡路島、京都、伊勢志摩、大阪湾岸部でした。

　その後、空飛ぶ車の事業者が 4 社指定されましたが、そのうち 1 社はすでに営業飛行どころか客を乗せないデモ飛行にするとしています。また、飛行ルートは海上に限定し、2023 年 12 月時点では大阪湾岸部（大阪市内 2 ヵ所、尼崎 1 ヵ所）の 3 地点と会場を結ぶルートの想定になっています。2023 年 12 月時点で、4 種類の空飛ぶ車について、国土交通省に型式証明申請が提出されていますが、いずれもまだ認められていません。また、導入予定の空飛ぶ車は、操縦士を含めて定員が 2 名から 5 名であり、万博に関連する旅客営業として有効かどうかは疑問です。

　大阪府がいうように、2025 年関西万博で万博へのアクセスとして空飛ぶ車を高頻度に営業飛行し、2026 年以降は日常生活で空飛ぶ車を使うように普及させるというのは、絵に描いた餅です。これは空飛ぶ車だけの話ではありません。多くの自治体が計画しているデジタル田園都市国家構想では、移動手段として自動運転の車が、物流にはドローンが想定されています。しかしこれらがいつ一般的な手段をして生活

3　内閣府地方創生推進事務局「スーパーシティ・デジタル田園健康特区について」2024 年 3 月

4　大阪府・大阪市「大阪スーパーシティ全体計画」2022 年 12 月

5　大阪府、大阪市「『空飛ぶクルマ』の社会実装に向けた取組状況について」2023 年 12 月

を支えるかは全く未知数です。にもかかわらず、自治体あげて企業に多額の資金を提供し、このような取り組みを進めています。また各種のシステム開発も同様で、実用化段階には到達していない企業の提案に、自治体が多額の資金を提供しています。本来であれば、企業が自らの資金で開発を進める段階であるにもかかわらず、行政が資金援助を行っているといえます。

　GAFAMが進めている開発に国が財政支援するようなことは考えられません。しかし日本のデジタル化は、対象が市民生活であり、市民生活上の諸問題を解決するためとうたわれているため、行政が積極的に財政支援しています。その一方で、実用化のスケジュールが大幅に遅れる、実用化できなかった、内容が大きく変わったなどが生じ、想定通りこれらのデジタル化が経済成長につながるかどうかは疑問です。

2章 自治体の動向
—国に追随、公共性の放棄、非民主的運営—

1章で見た国の動きに対して、自治体はどう動こうとしているのでしょうか。残念ながら、国の政策を無批判に受け入れる、国が進めようとしている動きに乗ることで地域や自治体の発展を図ろう、そのような自治体が多いといえます。2章ではその現状を見ます。

1 国の政策に追随

基地再編への期待

国の政策に追随することで地域の諸問題解決、活性化を図ろうとしている自治体が多く存在します。その典型は基地問題への対応でしょう。政府は2024年4月、全国の5空港、11港湾を特定利用空港・港湾に指定しました。これは防衛力強化のために自衛隊や海上保安庁が訓練などで円滑に使え、有事の際には活用できるように空港、港湾を整備・拡充するものです。具体的には、自衛隊が使えるように滑走路を延長する、大型艦船が係留できるように水深を深くする等が想定されています。

沖縄県では候補に挙がった空港、港湾が多数ありましたが、県は不明な点が多いとして県管理の空港、港湾については合意しませんでした。その結果、沖縄県では国管理の那覇空港、市として指定に合意した石垣港（石垣市管理港湾）のみが指定されました。

自衛隊が使うようになれば、戦争の際、外国から攻撃される危険性が高まります。また、日常的な訓練に使うようになると、事故の危険性、公害などへの不安も増えます。場合によってはアメリカ軍が使うようになるかもしれません。そのようなことを考え、指定に合意しな

い自治体がありました。自治体としては当然の姿勢です。一方、指定されると空港、港湾の整備が進むため、地域活性化に役立つと判断した自治体も存在します。基地の再編強化が、国、自治体が管理するインフラも巻き込んで進んでいます。そのようなときに自治体がどのようなスタンスをとるかが重要です。

原発への対応

　原子力発電所そのものの問題は3章でみることから、ここでは原発から出る核のゴミについてみます。原子力発電をすると必ず核廃棄物が出ます。日本はその核廃棄物の最終処分場が確保できていません。最終的な処分場がないにもかかわらず、ゴミを出し続けている状態で、明らかに異常です。元々は核燃料のリサイクルと言っていましたが、それが破綻したため、原子力発電所の安全問題という視点は当然ですが、核廃棄物という視点からみても、原子力発電は止めるべきです。

　そこで国はどこかに最終処分場を確保しようと動いています。しかし最終処分場には何万年もの間、人体に有害な状態で核廃棄物が残り、市民感情としては到底、受け入れられるものではありません。そこで政府は最終処分場の候補に名乗り上げると、お金がもらえる仕組みをつくっています。最終処分場に確定するまでには3段階の調査（文献調査、概要調査、精密調査）が実施されます。すべての調査が終了するまでには20年程度かかります。最初の文献調査は2年ですが、その期間に国から市町村に20億円の交付金が支給されます。次の概要調査は4年ですが、その期間に70億円の交付金が支給されます。

　北海道寿都町、神恵内町が文献調査を終えています。また、佐賀県玄海町がこの5月に文献調査の受け入れを表明しました。財政規模の小さな町村にとって、調査に伴う交付金には魅力があり、3町村以外にも最終処分場の候補地への名乗りを検討している自治体があります。

しかし処分場になると、数万年にわたって人体に有害な核廃棄物が地下に残ります。そんなことを将来の人のためにしていいのかと思いますが、厳しい財政状況を国の誘導に乗ることで、乗り越えようとしている自治体が存在します。国は、特に基地と原発については、飴と鞭を使い分けて、強硬に政策を進めています。

デジタル田園都市国家構想

　デジタル田園都市国家構想は地方創生の後継として 2023 年度からスタートしました。デジタル田園都市国家構想の狙いは、デジタル技術を活用して地域の社会課題を解決しつつ、地域活性化を進めることです。例えば医療が脆弱な地域でオンライン医療やオンライン投薬指導を進める、ドローンを活用した荷物等の配送を行う、過疎地等における遠隔教育の推進等です。

　国が示したデジタル田園都市国家構想総合戦略に基づき、自治体は地方版総合戦略の策定を始めています。その地方版総合戦略に沿って自治体が地域でデジタル化を進める際、交付金が出る制度です。令和3 年度（2021 年度）補正予算でデジタル田園都市国家構想推進交付金が設定され、430 団体に交付されました（以下すべてデジタル実装タイプの採択数）。その後、2022 年 12 月にデジタル田園都市国家構想総合戦略が策定され、令和 4 年度（2022 年度）補正予算以降はデジタル田園都市国家構想交付金に改められ、令和 4 年度補正予算では 994 団体が採択され、令和 5 年度（2023 年度）補正予算では 1166 団体が採択されています（**図表 2－1**）。各年度の採択団体には重複がありますが、デジタル田園都市国家構想交付金に採択された団体は 1454 団体です（重複を除く）。現在、都道府県は 47、市区町村は 1741 なので、81.4％ の自治体が交付金に採択されていることになります。

　デジタル田園都市国家構想は地域、自治体、市民生活等のデジタル

図表2−1　デジタル田園都市国家構想交付金採択状況

	デジタル田園都市国家構想交付金 （デジタル実装タイプ）	
	R4年度第2次補正予算	R5年度補正予算
採択団体数	994	1166
延べ団体数		1454
採択事業件数	1847	2420
交付金（国費、億円）	381	265

（出所：内閣府地方創生推進事務局他「デジタル田園都市国家構想交付金（令和4年度補正
予算分）採択結果について」（2023年3月）、内閣府地方創生推進室他「デジタル田
園都市国家構想交付金デジタル実装タイプの採択結果について」（2024年3月）よ
り筆者作成）

化を進めるもので、市民生活の利便性を高めるものも数多くあります。その一方で、民間企業に依存する形でデジタル化を進めるため、行政の役割を大きく低下させ、自治体の独自性を失わせるような内容も含まれています。この点については3章で後述しますが、交付金の金額が大きい事業ほど、この傾向が顕著です。多くの自治体は交付金を確保するためにデジタル田園都市国家構想を地域で進めていますが、それが自治や公共性にどのような影響を与えるかまで考えずに、交付金を申請しているケースが多いと思います。このよう方向性を進めると、知らず知らずのうちに、国の政策を受け入れ、結果として自治や公共性を大きく損ねてしまうと思います。

2　大型開発による地域活性化

　国はデジタル化によって地域の活性化を進めようとしており、同じようなことを考えている自治体も少なくありません。一方、大規模な開発をすることで、地域の活性化を進めようとしている自治体も多く存在します。たとえば大阪は、2025年に関西万博を行い、その後はカジノをオープンさせようとしています。会場は大阪湾臨海部の夢洲ですが、廃棄物処分場などに使っていたため、インフラはほとんどあり

ません。大阪府・大阪市は、万博に対する直接の負担だけでなく、道路をはじめとした各種のインフラ整備に多額の税金を投入しています。万博の開催期間は 6 ヵ月でそのためだけにわざわざインフラを整備するのは無駄です。会場は島なのでそこに道路や鉄道を通しても市民生活にはほとんど関係しません。しかし万博会場跡地の横でカジノをオープンさせる予定です。道路や鉄道などのインフラはカジノ誘致に不可欠であり、万博を名目にカジノ誘致のためのインフラ整備を進めていると判断できます。万博は 6 ヵ月間なのでその経済効果は限定的ですが、カジノを誘致し、海外から富裕層を呼んでくることで、大阪の消費を拡大しようとしています。

　このような考え方は多くの自治体に共通しています。大阪はカジノ誘致で暴走していますが、京都は北陸新幹線を京都市内に通すことで京都の活性化を進めようとしていますし、神戸市は三宮周辺を再開発して地域の活性化を図ろうとしています。西宮市や尼崎市は、東の大阪、西の神戸に挟まれ、埋没しないように駅前の開発などを行おうとしていますし、枚方市は京都と大阪の間で埋没しないように大規模な駅前の再開発を進めています。

　大規模な開発を進めることで、若者や外国人観光客を呼び込み、地域活性化を進めようとしている自治体が多数、存在します。しかし人口が全体として減少する時代に、そのような大規模開発をあちこちで実施しても、成功する確率は限りなく低いと思います。大阪が進めているカジノをはじめ、多くの開発は破綻すると思われ、そのような方法で地域活性化は進まないでしょう。1990 年代に自治体が進めた大型開発が破綻し、自治体の財政難を招きましたが、同じことが起こりそうです。

　一方、1990 年代とは異なり、自治体の財政状況は厳しくなっています。そのような状況下で大型開発を進めるための財源を確保するため

には、国と同じで市民向け施策の削減が必要です。残念ながら大型開発の財源を確保するため医療、福祉、教育予算の削減を進めている自治体が少なくありません。

3　市民向け施策の削減

公共施設の統廃合

　大型開発やデジタル化を進める一方で、市民向け施策では削減が目立ちます。その典型は市民生活を支える公共施設の削減、廃止です。総務省は 2014 年に公共施設等総合管理計画の策定を自治体に要請しました。その結果、2023 年 3 月 31 日時点で、都道府県は策定率が 100％、市区町村の策定率は 99.9％ になっています。この計画は総合管理計画という名称ですが、多くの自治体が策定した計画は、公共施設の統廃合計画になっています。計画期間は様々ですが 20 年から 30 年が多く、その期間に、公共施設を 20％ から 30％ ぐらい削減する計画になっています。中には 80％ 以上の削減目標を掲げている自治体もあります。公共施設がなければ、市民生活は成り立ちません。市民の意見をほとんど聞かずに、このような公共施設削減計画を策定している自治体が多くなっています。

　中でも子ども数の減少率が大きいため、学校など子ども向け公共施設の統廃合が目立ちます。もともと学校などの統廃合を積極的に進めている自治体は多くありましたが、国からの要請に基づき、公共施設等総合管理計画を策定したことで、学校の統廃合に拍車がかかっています。例えば公立小学校は、2000 年時点で 2 万 3861 ヵ所ありましたが、2023 年には 1 万 8669 ヵ所まで減っています。減少率 21.8％ です（**図表 2-2**）。同じように公立中学校は 20 年間で、1 万 453 ヵ所から 9095 ヵ所へ、公立高校は 4145 ヵ所から 3455 ヵ所まで減っています。

　少子化対策をしなければならないと言いつつ、公立保育所も大幅に

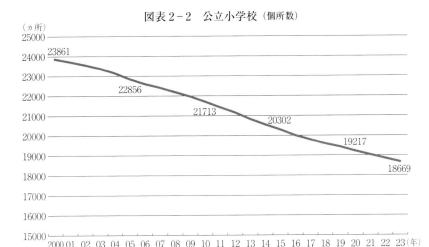

図表 2-2　公立小学校 (個所数)

(出所：文部科学省「学校基本調査」より筆者作成)

減っています。2000年、公立保育所は1万2707ヵ所ありましたが、2022年には公立保育所等は7750ヵ所まで減少しています。減少率39%です。[1]

　新型コロナ感染症によって、地域医療の崩壊が目立ちました。感染症対策で重要な役割を担うのは保健所です。1996年に845ヵ所あった保健所は、新型コロナ感染症が始まった2020年には469ヵ所まで減っていました。[2]1994年に保健所法が地域保健法に替わり、一市一保健所が原則になり、人口377万人の横浜市、人口277万人の大阪市で保健所が各々1ヵ所になりました。もともと横浜市には18ヵ所の保健所があり、大阪市には24ヵ所の保健所がありました。これは地域保健法で広域的な業務である感染症対策を軽視したからであり、このことが新型コロナ感染症で大きな被害を出した一因となりました。

1　厚生労働省「社会福祉施設等調査」
2　全国保健所長会webサイト

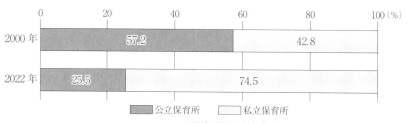

図表 2 - 3　保育所等施設数の割合（公立・私立別）

（出所：厚生労働省「社会福祉施設等調査」より筆者作成）

民営化・民間委託の推進

　行政が設置していた施設を民間の設置に変える民営化、設置者は行政のままで運営を民間に任せる民間委託も進んでいます。その典型は公立保育所でしょう。先にみたように公立保育所は20年間で4957ヵ所減っていますが、同じ期間に私立保育所等は9492ヵ所から2万2608ヵ所まで急増しています。利用者数を見ますと、2000年の公立保育所は99万6083人、2022年は63万876人で、36万5207人の減少、減少率36.7％です。一方、私立保育所の利用者数は同じ期間に90万7984人から196万8314人まで106万330人の増加、増加率116.8％です。2000年時点で公立保育所は施設数で57.2％、利用者数で52.3％でしたが、2022年では施設数は25.5％、利用者数は24.3％まで減少しています。2000年時点では公立保育所は施設数、利用者数とも半分以上を占めていましたが、2022年では施設数、利用者数とも4分の1程度になっています（**図表 2 - 3**）。これは公立保育所の民営化を進め私立保育所に変えたこと、保育所が不足していたにもかかわらず公立保育所をほとんど増やさなかったからです。保育所については民間シフトが急速に進んだといえます。

　先に見た高校も同じです。2000年から2023年の間に、公立高校は4145校から3455校まで690校減少しています。減少率16.6％です。同じ期間に私立高校は1318校から1321校へ微増しています。その結

果、2000 年には、高校生の 70.3％ が公立高校に在籍していましたが、2023 年には 65％ まで低下しています。逆に私立高校に在籍している高校生は 29.4％ から 34.7％ に増加しています。この典型は大阪府でしょう。大阪府は公立、私立を問わず、高校の授業料無償化を進めています。私立高校まで含めて無料になるのはいいことですが、問題はその一方で公立高校の廃校を強力に進めていることです。大阪府立高校は 3 年連続定員割れが続くと廃校になります。高校生が毎年減っているため、公立高校で定員割れが生じ、公立高校の廃校が止まりません。この基本にある考え方は、私立高校の無償化に必要な税源は大阪府が負担し、高校教育は今後、私立にできる限り任せるということです。つまり公立施設の廃止は、民間に任せるという考えにつながります。

　さらに指定管理者制度の導入も進んでいます。指定管理者制度は公共施設の管理を企業等が行えるようにした制度で 2003 年から始まっています。それ以前は、公共施設の管理を委託できたのは自治体が出資している法人、公共的団体に限定されていました。指定管理者制度導入施設数は全国ですでに 7 万ヵ所を超えています。最近、増え方が鈍化しているのは、導入可能な施設の上限に近づいているからだと思われます。一方、自治体が出資している法人や公共的団体が指定管理者になっている数は減り続け、企業などが指定管理者に指定される数が増えています（**図表 2-4**）。指定管理者制度の導入が増えているのは、それだけ自治体が直接責任を持って運営する施設数が減っていることを意味します。さらに、企業等の指定管理者が増えていることは、公共施設の運営に企業の論理が持ち込まれることを意味しています。

4　人件費の削減、非正規化

　市民向けの施策を削減しながら、行政の内部では非正規雇用の職員

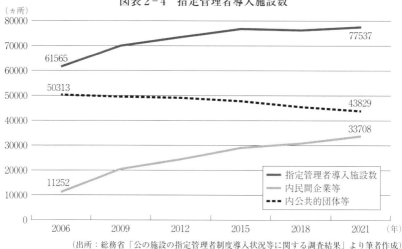

図表 2-4 指定管理者導入施設数

（出所：総務省「公の施設の指定管理者制度導入状況等に関する調査結果」より筆者作成）

図表 2-5 非正規職員の比率

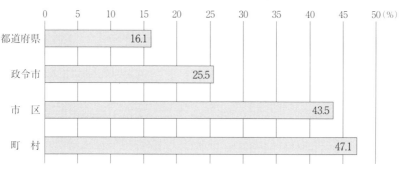

（出所：上林陽治「会計年度任用職員白書 2020」自治総研 514 号に収録、2021 年 8 月より筆者作成）

を増やしています。**図表 2-5** は行政職員のうち非正規職員の比率を示したものです。最も少ない都道府県で 16.1％、市区では 43.5％、町村では 47.1％ になっています。町村ではおよそ二人に一人は非正規職員ということになります。非正規職員の比率を職種別にみますと、図書館職員は 73.3％、給食調理員は 69.8％、保育士などは 56.9％ で、軒並

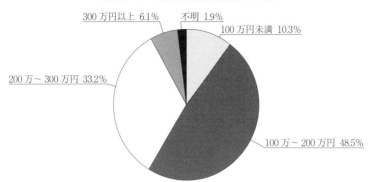

図表2-6　会計年度任用職員の年収

300万円以上　6.1%

不明　1.9%

100万円未満　10.3%

200万〜300万円　33.2%

100万〜200万円　48.5%

（出所：自治労連「会計年度任用職員『今だから聴きたい！誇りと怒りの2022アンケート』」より筆者作成）

み半分を超えています。

　非正規職員の多くは会計年度任用職員です。会計年度任用職員を導入するときは、会計年度任用職員になったら、処遇が改善されるという議論もありましたが、全くそんなことは起きていません。**図2-6**は会計年度任用職員の年収を見たグラフです。年収100万円以上200万円未満が48.5%でほぼ半分を占め、次いで200万円以上300万円未満が33.2%、100万円未満が10.3%で、年収300万円未満が全体の90%以上です。まさに官製ワーキングプアです。

　市民の暮らしを支える行政職員の年収が、自分の暮らしを支えるのが困難なレベルになっています。また、会計年度任用職員は、年間契約のため、契約を更新するためには、上司の評価が重要です。市民の願いと上司の指示に齟齬があっても、後者に従う職員を責められません。残念ながら、年収、安定性の両面から、市民のことを第一義的に考えて仕事をするのが困難な状況に置かれています。

5　非民主的な行政運営

　市民向け施策の削減を進めているような行政であっても、さすがに

市民参加や情報公開そのものは否定できません。しかし、市民に必要で十分な情報をわかりやすく提供しているか、市民が自由に意見を言いその意見にきちんと対応しているかというと、そのようにはなっていません。むしろ市民向け施策の削減を進めているような自治体は、市民に施策内容をあまり知らせず、市民参加も型式的な参加にとどめようとする傾向が強いといえます。

　実際に施策を展開するのは行政職員です。その職員の非正規化を進め、人件費を削減しているような行政が、行政職員の自発性を引き出し、行政職員としてのキャリア形成を積極的に進めるとは思えません。市民ニーズに積極的に対応しようとする職員を育てるのではなく、市民ニーズを抑え込み上司の指示に素直な職員を重用しがちです。また、行政職員同士の協力も重要ですが、それに背を向ける自治体もあります。大阪府、大阪市は2012年に職員基本条例を定めましたが、これは職員を相対評価するものです。5段階の評価が決められており、5%の職員が最低レベルの評価を受ける仕組みです。このような評価制度をつくると、職員同士の共同は難しくなるでしょう。

　行政組織の運営に大きな影響を与えるのは首長の姿勢です。しかし、首長によるセクハラ、パワハラが続出しています。2024年4月25日には、二人の町長が職員に対するハラスメントが理由で相次いで辞任を表明しました。15人に対するセクハラ行為があったとされた町長、108人がハラスメントの被害を訴えた町長で、辞任は当然でしょう。また以前には、市長室に家庭用サウナを持ち込み、使ったタオルを市職員に洗濯させていた市長もいました。このような民主的感覚の欠如した首長の下で民主的な行政運営が進められるとは思えません。

　議会のあり方も重要です。議会で最も重要なことは、市民の民意を議会に反映させるということです。しかし「身を切る改革」と称した議員定数の削減が進んでいます。たとえば大阪府議会議員の定数は

2015 年に 109 議席から 88 議席に削減され、2023 年にはさらに 79 議席まで減らされています。2019 年と 2023 年の府議会議員選挙を比べますと、大阪維新の会の得票率は 50.7% から 58.2% の 7.5 ポイント増ですが、議席占有率は 58% から 69.6% まで 11.6 ポイント増になっています。その理由は、議員定数削減を受け 53 選挙区のうち 36 選挙区が 1 人区になり、その 1 人区で大阪維新の会が 35 議席を獲得したからです。議員定数の削減は第 1 党に有利に働き、民意を歪めた形で反映させてしまいます。議員定数削減によって市民の声を代表する議員を減らし、少数意見の切り捨てが進むと、議会のチェック機能が衰えます。

3章 | 地域と市民生活はどうなるのか

　1章、2章でみた政策を国、自治体が今後も展開すると市民生活や地域、自治体はどうなるのでしょうか。3章ではその内容を見ます。

1　地域の平和が脅かされる

　まず深刻なのは、地域の平和が脅かされているということです。ウクライナやガザ地区を見れば明らかなように、いつミサイルが飛んでくるかわからない、日常的に空襲警報が鳴り響く、昨日まで暮らしていた住宅が破壊される、このような状態になりますと市民の暮らし、地域経済、地域の文化などを議論することが無意味になります。

　日本は戦後、日本が攻めることも、攻められることもありませんでした。それは憲法9条があり、集団的自衛権は行使しない、他国を攻めるどころか他国に脅威をあたえない、そういう事が戦後、続いてきたからです。しかし2015年以降、その雲行きが怪しくなっています。

　九州から沖縄、台湾、フィリピンに至る第一列島線というラインが設定されています。もし中国と戦争が起こったら、中国本土を攻める攻撃の拠点となるラインです。アメリカにとって、この第一列島線が非常に重要になっています。ここを拠点としてアメリカと日本がどのように協力しながら攻撃するか、これが今のアメリカ軍、自衛隊にとって最大の懸案事項です。

　具体的に進んでいるのは九州から沖縄にかけての米軍基地、自衛隊基地の再編です。九州・沖縄が中心ですが、そこだけにとどまらず、全国的に基地の再編が進んでいます。基地の再編によって地域には直接の影響が出ます。また、訓練の増強に伴って新たな公害が発生し、市

民生活が常に事故等の危機にさらされます。

　戦略の変化も起きています。以前でしたら巨大な基地を造り、そこから攻撃していました。今でもその戦術を使っていますが、それにとどまらず MLR という新たな作戦も具体化されています。これは大きな部隊ではなく、少人数の部隊で、固定した基地を持たず、テントなどで拠点を設け、ミサイルやヘリを機動的に移動させながら、敵を攻撃する方法です。場合によっては、民間空港などを使うことも想定しているようです。ただ、迅速に地域を移動するためにはアメリカ軍だけでは難しく、現地の実情に詳しい自衛隊との共同が不可欠です。基地を設け、そこから攻撃する場合、戦争になると真っ先に基地が狙われ、その周辺が危険にさらされます。MLR の場合、どこに部隊がいるかわからないため、予想される地域全体が攻撃にさらされかねません。

　市民の暮らし、健康、地域経済は、地域の平和が大前提です。その平和が、安保法制以降、さらに 2022 年の安保三文書改定以降、厳しい状況に置かれ、日本が戦争に巻き込まれる、もしくは戦争状態を自らつくり出していく、そのような状況になりつつあると思います。憲法9条があるにも関わらず、そのような状況になりつつあることを、直視すべきです。

2　暮らしの基盤が崩れる

深刻さを増す地球環境問題

　ローマクラブが地球環境問題に警鐘を鳴らしたのは 1972 年で、それ以降、国連でも地球環境問題が議論されるようになりました。1997 年には京都議定書が締結され、先進国が温室効果ガスの排出量削減に取り組むことを決め、2015 年のパリ協定では、先進国に限らず途上国も排出量削減に取り組むことが決められました。

　しかし事態は好転するどころか、悪化しています。IPCC（気候変動

図表 3-1　世界平均気温の変化

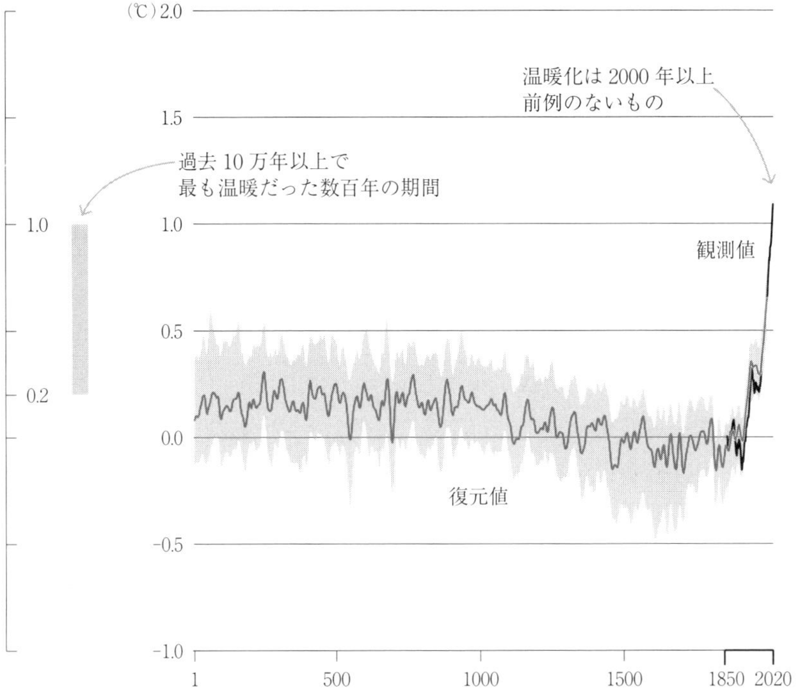

（出所：「IPCC（気候変動に関する政府間パネル）第 6 次評価報告書第 1 作業部会報告書政策決定者向け要約」より引用）

に関する政府間パネル）が示した世界平均気温の変化を見ますと、最近の変化は異常です（**図表 3-1**）。報告書には、この間「人間の影響は、少なくとも過去 2000 年間に前例のない速度で、気候を温暖化させてきた」と記載されています。また、今後も大量に温室効果ガスの排出が続く場合、2081 年から 2100 年の世界平均気温は、1850 年から 1900 年の世界平均気温と比べ、3.3 度から 5.7 度高くなると予測されています。

　地球温暖化の影響は様々な面に現れます。猛暑や大雨、干ばつなどの異常気象と地球温暖化の関係が指摘されています。異常気象等で住まいを追われる人々を気候難民と呼んでいますが、2020 年には世界で

3070万人と推計され、紛争などを原因とする難民の3倍になっています。世界銀行のレポートでは、事態が改善されなければ2050年には2億人の環境難民が発生すると予測しています。[1]

　また、水面の上昇も指摘されています。この100年くらいの間に水面は19cm上昇していますが、温室効果ガスの排出が多い場合、21世紀末には水面が0.63〜1.0m上昇するとIPCCは予測しています。日本では水面が1m上昇したら、砂浜の9割以上が失われ、ほとんどの砂浜がなくなります。日本の海岸線には多くの漁村があり、特徴的な景観をつくり出しています。しかし水面が上昇すると、防潮堤をかさ上げする必要が生じ、景観が一変します。伊根の舟屋（京都府伊根町）は海岸線に沿って家を建て、1階部分に船倉を設け、2階以上を住居にしています。船倉は海に面し、船を直接、海に出すことができます。水面が上昇した場合、このような町並みを防潮堤によって残すことはできません。京都や奈良の歴史的な景観は庭園、借景など植生と一体で形成されています。京都の年間平均気温は16.2度ですが、5.7度上昇すると21.9度になります。これは奄美大島の年間平均気温（21.8度）にほぼ等しくなります。そうすると京都や奈良の植生も大きく変わり、歴史的な社寺仏閣の建物は残っても、その周囲は亜熱帯性の植生に替わり、一般的にイメージされる景観から大きく変わります。今まで日本の景観は、開発によって変えられてきました。今もその問題はありますが、温室効果ガスの発生を抑制できなければ、地球温暖化によって、景観が大きく変わるでしょう。

　このような事態を防ぐためには、化石燃料に替わる再生可能エネルギーを増やし、化石燃料の使用を控え、温室効果ガスの発生を抑制しなければなりません。ところが日本政府は原子力発電と火力発電に固執しています。日本は再生可能エネルギーの宝庫です。これだけ地震

1　日本経済新聞、2022年4月24日付

が多いということは火山があり、地熱発電のポテンシャルが高いということです。日本は風も強く、海岸線も長いため、風力発電に適しています。太陽光発電の適地も多く、森林大国のためバイオマス発電にも期待できます。しかし、日本はその可能性を生かしていませんし、本気で生かそうともしていません。その結果、日本は再生可能エネルギー比率の最も低い国の一つになっています（**図表3-2**）。原発については後述しますが、もっと真剣に再生可能エネルギーの利用に取り組むべきです。自治体も国任せにするのではなく、地域の実情に合わせて適切な再生可能エネルギーの利用促進に取り組むべきです。

　深刻なのは、地球温暖化は一度進むと、今の科学では元には戻せないことです。地球温暖化などにより、生活の場が脅かされています。日本のような経済大国こそが早くその対策を真剣に進めるべきです。

不十分な防災対策、災害に脆弱な地域の拡大

　地震、豪雨などの自然災害が増えていますが、それにふさわしい対策がとられていません。能登半島地震でなぜあそこまで被害が拡大し

図表3-2　再生可能エネルギー発電比率（2021年）

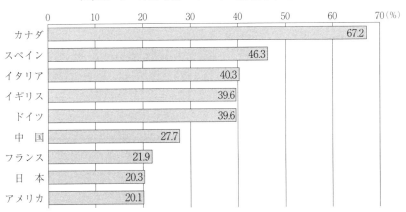

（出所：資源エネルギー庁「今後の再生可能エネルギー政策について」2023年6月より筆者作成）

たのでしょうか。石川県地域防災計画で想定されていた地震はマグニチュード7.0、被害予測は死者7名、負傷者211名、建物全壊120棟、避難者数2781名でした。しかし、実際に起こった地震はマグニチュード7.6、死者245名、行方不明者3名、負傷者1302名、建物全壊8217棟でした[2]。また、最大の避難者数は4万688人でした。地域防災計画では被害想定を行い、それに基づいて対策を進めます。その被害想定が甘いものであったため、十分な対策がとれませんでした。能登半島では最近、地震が頻発していましたが、なぜ地域防災計画を見直さなかったのでしょうか。

　警察が取り扱った死者222人の死因を見ますと、圧死が92人、窒息・呼吸不全が49人、低体温症・凍死が32人でした[3]。死者の約78％にあたります。これらの方々は倒壊した建物の下敷きになった、倒壊した建物に挟まれて身動きがとれなくなった方だと思われます。阪神淡路大震災でも建物の倒壊等で亡くなった方が死者の8割程度を占めていました（災害関連死を除く）。地震で死なないためには、建物の倒壊を防ぐことが最も重要です。そこで阪神淡路大震災以降、建物の耐震化を重視したはずですが、今回も多くの建物が倒壊し、命が失われました。住宅の耐震化を個人任せにしている限り、なかなか進まず、地震のたびに貴重な命が失われます。

　阪神淡路大震災の死者6434人中、災害関連死は919人です。災害関連死は避難所生活で必要な医療が受けられず持病が悪化して亡くなった方、災害後のストレスが原因で亡くなった方、車中泊をしていてエコノミークラス症候群で亡くなった方など、災害で直接亡くなった方ではなく、死因と災害に因果関係が認められる方です。阪神淡路大震災では約15％の方が災害関連死だといわれています。災害関連死を防

2　内閣府非常災害対策本部「令和6年能登半島地震に係る被害状況について（令和6年4月23日時点）」
3　朝日新聞デジタル、2024年1月31日付

ぐためには、避難所の改善が重要です。しかし日本の避難所の状況は阪神淡路大震災から30年近くたっていますが、ほとんどその時と変わっていません。冷暖房やプライバシーのない体育館で雑魚寝状態、食事はパン食が中心です。能登半島地震の後に台湾の花蓮で大きな地震がありました。花蓮の避難所の様子が放映されていましたが、地震の翌日には体育館の中に個人用のテントが建てられプライバシーが保障され、栄養バランスの取れた弁当が配布されていました。日本の避難所との違いに愕然とした方が多かったと思います。日本も台湾も自然災害の多い国ですが、行政の対応の違いが歴然としていました。

　震度7に襲われた輪島市は2006年に門前町と合併し、現在の輪島市になっています。同様に震度7を記録した志賀町は2005年に富来町と合併し、現在の志賀町になっています。震度6強を記録した七尾市は2004年に1市3町が合併して現在の七尾市になり、能登町は2005年に3町村が合併して現在の能登町になっています。震度6強以上を記録した3市3町のうち、2市2町が平成の大合併によってできた自治体です。市町村合併の最大の狙いは人件費の削減です。市町村が災害に強いまちづくりの先頭に立とうとしても、職員が削減され、役場が出張所になっているようでは行政としての責任を果たすのが難しいでしょう。市町村合併、行政改革、自治体職員の削減、非正規化が進み、災害に脆弱な行政に変化しています。

　これからの日本で心配されているのは、南海トラフ巨大地震です。南海トラフの巨大地震が30年以内に起こる可能性は70〜80％です。現在の科学では地震を未然に防ぐことは不可能です。しかし、きちんとした防災対策を行うかどうかで、被害の大きさ、復旧・復興の速さと内容が大きく左右されます。国や自治体がそのような施策に十分な予算と人員を割くかどうかが、自然災害の多い日本で安心して暮らせるかどうかに大きく影響します。

原発事故で暮らしと地域の継続が奪われる

2011 年 3 月に発生した東日本大震災によって福島第 1 原子力発電所は大事故を引き起こしました。未だ事故の全貌はわからず、いつ廃炉が実現するかもわかりません。南相馬市、双葉町、大熊町、富岡町、浪江町、葛尾村、飯舘村の一部には、まだ帰還困難区域が設定されたままです。また、避難指示が解除された地域でも、元の人口には戻っておらず、人口減少が深刻です。

能登半島地震でも志賀原発で事故が相次ぎました。志賀原発は再稼働していませんでしたが、それでもオイル漏れなどが生じ、いったん公表した情報が幾度も訂正されました。避難計画は立てていましたが、より地震被害の大きかった輪島方面に避難する計画であったり、屋内非難といっても家が倒壊したため避難できないという意見が出されるなど、避難計画のずさんさも問題になりました。

日本列島にはいたるところに活断層があります。しかもわかっているのは一部で、未知の活断層も多数あるといわれています。断層以外に海溝型の巨大地震もあります。そのような日本列島に原子力発電所を造り、安全などということはあり得ません。にもかかわらず、いったん止まっていた原発が、すでに再稼働したり、再稼働に向けた申請をしています。地震に安全な地域は日本に存在しません。もし重大事故が発生すると取り返しのつかないことになることは福島で経験済みです。いったん重大事故が起こると、その地域での生活、歴史、文化が断ち切られます。そのような危険を日本で犯すべきかどうかが問われています。

3　新自由主義的な政策で地域と生活が破綻する

雇用の不安定化、賃金の低下による生活困難の拡大

かつて働くというと正規雇用が当たり前でしたが、最近では非正規

雇用が増えています。**図表 3‐3** は非正規職員の比率を見たものです。1990 年時点では非正規職員の比率は 20.2% でしたが、2022 年には 37.1% まで上がっています。女性を見ますと、同じ期間に 38.1% から 53.2% まで増えています。女性の場合、2003 年に 50% を超え、それ以降は 50% 以上になっており、働く女性の二人に一人以上が非正規ということになります。また、男性でも非正規の比率が 8.8% から 22.6% に増えています。

　非正規が大きく増えているのは、女性と高齢者の就業率が上がっていることによります。ただし、25 歳から 34 歳の男性の非正規の比率を見ますと、1990 年は 3.2% でしたが、2023 年では 14.6% になっています。同じように 35 歳から 44 歳の男性の非正規の比率を見ますと 1990 年は 3.3% でしたが、2023 年は 9.4% になっています。非正規ですと雇用の継続が保障されず、賃金も正規と比べると低くなります。このような非正規の増加が生活の安定と将来に対する展望を奪っているといえます。

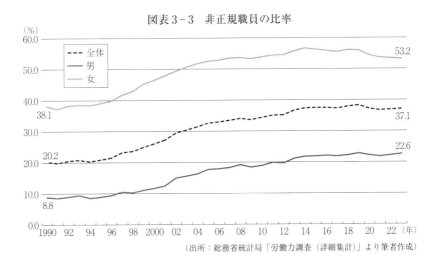

図表 3‐3　非正規職員の比率

（出所：総務省統計局「労働力調査（詳細集計）」より筆者作成）

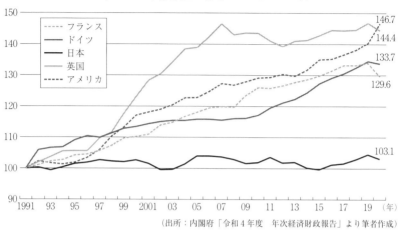

図表 3 - 4　実質賃金の推移 (1991 年～2020 年)

（出所：内閣府「令和 4 年度　年次経済財政報告」より筆者作成）

　図 3 - 4 は先進国の実質賃金の推移を見たものです。1991 年を 100 とした変化ですが、2020 年でアメリカは 146.7、イギリスは 144.4、ドイツは 133.7、フランスは 129.6 です。それに対して日本は 103.1 です。日本だけがこの 30 年間、実質賃金が全く上がっていません。

　今の政策を延長する限り非正規雇用が減る可能性はなく、1 章でみたように構造的賃上げも実現できそうにありません。この非正規雇用の増大と賃金の低迷が続く限り、国民生活はますます困窮するでしょう。

増税、社会保険料の値上げ等による可処分所得の低下

　社会保険料については 1 章で最近の変化を見ましたので、ここではもう少し長い期間の変化を見ます。まず消費税です。消費税は 1989 年に税率 3% で導入され、1997 年から 5%、2014 年から 8%、2019 年 10 月から 10% になっています。2000 年から介護保険が始まりました。介護保険の財源は、税金、保険料、利用者負担からなります。保険料

は 1 号被保険者（65 歳以上）と 2 号被保険者（40 歳から 64 歳）に分かれます。1 号被保険者の保険料を見ますと、2000 年の全国平均保険料（月額）は 2911 円でしたが、2023 年は 6014 円になっています。[4] 本人負担ですが介護保険がスタートしたときは一律 1 割負担でしたが、2015年から一部の人が 2 割負担になり、さらに 2018 年から 3 割負担も導入されました。国民健康保険の一人当たり平均保険料（年額）を見ますと、2000 年は 8 万 2954 円でしたが、2021 年には 9 万 7179 円になっています。[5] 大学生の 78.1％ は私立大学に通っています。その私立大学の年間平均授業料を見ますと、2000 年は 78 万 9659 円でしたが、2023年は 95 万 9205 円になっています。[6]

　一方、2000 年の名目賃金を 100 とすると 2023 年は 94.3 です。賃金が低下する中で、税負担や保険料負担、本人負担が増えつづけているため、可処分所得は確実に下がり続けています。

社会保障、教育予算の削減による生活困難の拡大

　先に見ましたが、日本の防衛予算は GDP の 1％ になっていました。それが安保三文書の改定で、2027 年には GDP の 2％ にすることが決められました。**図表 3−5** は防衛予算の伸びを見たものですが、安保三文書が改訂されて以降の予算、2023 年度と 2024 年度の伸びは異常です。2025 年度以降は 2027 年度に GDP の 2％ になるように防衛予算を各年度均等に増加させた線です。これほど防衛予算を上げるためには、増税するか、あるいは社会保障や教育予算などを削減するしかありません。防衛予算を伸ばし、敵基地攻撃能力などを整備することは日本の平和にとって極めて深刻な問題をもたらします。もう一方では、防衛予算を確保するために、社会保障、教育予算の削減、増税が起こり

4　厚生労働省老健局「介護保険制度の概要」
5　厚生労働省保険局「国民健康保険（市町村国保）の財政状況について」
6　文部科学省「私立大学等の入学者に係る学生納付金等調査結果について」

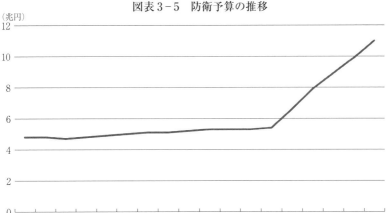

図表3−5　防衛予算の推移

（出所：2024年度までは実績、2025年度以降は2027年度に11兆円に到達するために各年度均等に予算を増額した値より筆者作成）

ます。しかも、2027年までで終わりかというとそうではなく、その後はさらに防衛予算を増やすとしています。

　日本では今後急速に後期高齢者が増え、高齢者介護に対するニーズが増えます。そのようなときに介護保険の公費負担を押さえるため、高齢者向けサービスを切り捨てていいのでしょうか。急増する高齢者介護ニーズに対応できるような質、量、両面の整備を進めなければならないときに、逆のことを進めてしまうと、地域に介護難民があふれることになります。

　すでに小規模事業者を中心にヘルパーの派遣では採算が合わず、撤退する事業所が増えています。政府は2024年4月から介護報酬の引き下げを実施しました。その結果、小規模な事業者の撤退が加速すると思われます。さらにデイサービスやヘルパー派遣が介護保険から切り離されると、事業所の撤退が一気に進むと思われます。そもそも介護保険は介護の社会化を目的として整備されましたが、最も利用者の多いデイサービス、ヘルパーが利用できなくなれば、介護の社会化が破

綻するでしょう。

　雇用の不安定化、実質賃金の低下によって収入が減少し、増税、本人負担の増加などによって支出が増え、さらに社会保障の見直しで、ますます生活が苦しくなるでしょう。

消費の低迷による地域経済の衰退

　地域経済が厳しいのは、大型プロジェクトが進まないからではなく、個人消費が低迷しているからです。日本経済全体を見ますと、個人消費が GDP の 50% 以上を占めています。その個人消費が回復しないため、地域経済が厳しくなっています。大型開発を行い、周辺地域の個人消費を奪っても、全体として個人消費が伸びなければ、単なる奪い合いにしかならず、地域全体の活性化にはつながりません。

　地域経済の厳しさをインバウンドで乗り越えようとしている自治体もあります。2023 年の日本の GDP は 591 兆 8812 億円でした。同年[7]の訪日外国人旅行者の消費額は 5 兆 3065 億円で GDP の 0.9% です。[8]5 兆円なので大きな値ですが、同年の個人消費（家計最終消費支出）は 314 兆 4154 億円で GDP の 53.1% です。外国人旅行者の消費額は大きいとはいえ、個人消費額の 1.7% です。観光地に行きますと外国人旅行者が目立ちますが、外国人旅行者の消費が個人消費と比べてどの程度なのかを冷静に見ておく必要があります。そもそも絶対額が違いすぎるため、個人消費の低迷をインバウンドで補うのは無理です。

　また、インバウンドの恩恵は一部の地域に限定されます。**図表 3−6**は都道府県別個人消費（家計最終消費支出）と外国人旅行者消費額の上位 5 県と下位 5 県を見たものです。個人消費の方は東京都が 1 位で全国の 14.2% です。また、上位 5 県の合計は 41%、下位 5 県の合計は

7　内閣府経済社会総合研究所「国民経済計算（2023 年 10-12 月期 2 次速報値）」2024 年 3 月
8　観光庁「訪日外国人消費動向調査」2024 年 4 月

図表3−6　都道府県別家計最終消費支出、外国人旅行者消費額 (%)

	家計消費支出		外国人旅行者消費額	
1	東　京	14.21	東　京	40.7
2	神奈川	7.89	大　阪	18.78
3	大　阪	6.96	京　都	8.02
4	愛　知	6.22	福　岡	5.92
5	埼　玉	5.75	北海道	4.12
	（合計）	41.03	（合計）	77.54
43	徳　島	0.56	宮　崎	0.06
44	佐　賀	0.55	島　根	0.04
45	島　根	0.51	徳　島	0.04
46	高　知	0.51	鳥　取	0.04
47	鳥　取	0.39	福　井	0.03
	（合計）	2.52	（合計）	0.21

注：％は全国の値に対する各都道府県の割合
　　家計消費支出は2020年度の値
　　外国人旅行者消費は2023年4月〜12月の値（コロナの関係で1月〜3月は調査していないため）
（出所：家計消費支出は内閣府経済社会総合研究所「県民経済計算（令和2年度）」、外国人旅行者消費は観光庁「訪日外国人消費動向調査（2023年4-12月期）」より筆者作成）

2.5％です。一方、外国人旅行者消費を見ますと、東京が1位なのは同じで全国の40.7％を占め、2位の大阪と足しますと、東京と大阪だけで消費額の60％近くを占めています。また上位5県の合計は77.5％となり、消費額の4分の3以上になります。反対に下位5県の合計は0.2％なので、インバウンドの恩恵は限定的です。全国的な地域経済の活性化を考える場合、個人消費の拡大の方が、広範囲に影響が及ぶと考えられます。

　2023年の外国人旅行者は2507万人です。新型コロナ感染症の前2019年の外国人旅行者は3188万人、消費額は4.8兆円でした。2023年ですでに消費額はコロナ前の水準を超え、旅行者数もかなり回復しています。2023年3月に策定された観光立国推進基本計画では、2025年までに外国人旅行者数を3188万人以上にし、消費額は早期に（2025年を待たず）5兆円にするという目標を掲げました。今見たように消費額の目標は2023年に達成しています。2015年3月に策定された「明日の日本を支える観光ビジョン」では、2030年に外国人旅行者を6000万人、外国人消費額は15兆円にするという目標を掲げています。15兆円は2023年の3倍で、10兆円の増加です。それが達成できるとGDPの2.5％以上になり大きな額です。一方、外国人旅行者は2倍になります。コロナ前に問題となって

いた観光公害が再び問題になりだしていますが、抜本的な対策なく外国人消費の拡大を追求すると、観光地では深刻な観光公害が発生すると思われます。インバウンドにはメリットとデメリットがあり、両面を見る必要があります。

人口減少による地域の衰退

　日本の人口のピークは 2008 年で 1 億 2808 万人、それ以降人口は減り続けています。国立社会保障・人口問題研究所は 2120 年までの将来推計人口を発表しています（**図表 3-7**）。この将来推計人口は 2020 年の 1 億 2615 万人が基準ですが、100 年後の 2120 年には 4973 万人まで減少するとしています。約 60% の減少率です。ちなみに 100 年前の 1920 年の人口は 5596 万人ですので、100 年後には 100 年前におおよそ戻るといえます。

　将来推計人口は 5 年ごとに発表されます。多い少ないはありますが、

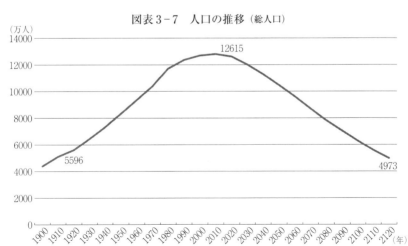

図表 3-7　人口の推移（総人口）

（出所：2020 年までは実績、総務省統計局「人口推計」。2030 年以降は推計、国立社会保障・人口問題研究所「日本の将来推計人口（令和 5 年推計）」より筆者作成）

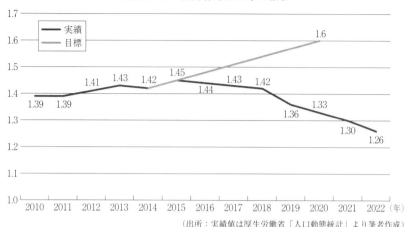

図表3-8　合計特殊出生率の推移

（出所：実績値は厚生労働省「人口動態統計」より筆者作成）

　毎回同じような推計値です。このような人口減少予測に対して政府は2014年から地方創生をスタートさせました。地方創生では、子育てしやすい環境をつくり、合計特殊出生率を引き上げ、21世紀末には人口9000万人程度で安定させたいという目標を掲げました。合計特殊出生率とは、おおよそ一人の女性が一生の間に産む子どもの数です。地方創生が始まった2014年の合計特殊出生率は1.42でした。そのときの目標では、2020年に1.6、2030年に1.8、2040年に2.07まであげたいとしました。2.07は人口置換水準と言われるもので、2.07になると長期的に人口が安定します。2040年に合計特殊出生率が2.07まで上がると21世紀末以降は人口9000万人ぐらいで長期的に安定します。

　そのような目標を立てましたが、実際に合計特殊出生率がどう変化したかを見たのが**図表3-8**です。目標値と実績値を入れていますが、2020年に1.6になるどころか、2022年には1.26まで下がりました。スタート地点よりも合計特殊出生率が下がっています。ちなみに1.26は統計を取り始めてから最低の値です。残念ながら出生率は回復するど

ころか低下し続け、このままでは先に見た将来人口推計よりもさらに人口が減りかねません。

そのような状況に対して政府は2024年度から異次元の少子化対策を実施するとしました。社会保険料に上乗せする形で予算を確保しようとしており、その点は大きな問題ですが、異次元の少子化対策で進めるとしている項目、例えば児童手当の引き上げ、保育所基準の改善などは進めれば良いと思います。しかし、日本で合計特殊出生率が下がっている最大の原因は、若者の雇用が安定せず、実質賃金が低下し続け、将来の生活に展望を見いだせないからです。自分自身の生活に希望を持てない若者が、安心して子どもを産んで育てようとするでしょうか。この間、進めてきた新自由主義的な労働政策が少子化の根本的な原因であり、この抜本的な見直し抜きに、人口減少が大きく改善されるとは思えません。2023年に人口が増えた都道府県は東京都だけです。人口の減少＝地域の衰退ではありませんが、急速な人口減少は様々な問題を地域に投げかけます。新自由主義的な労働政策を続けている限り、人口は減り続け、地域は厳しい状況にさらされるでしょう。

東京一極集中による地方の疲弊

東京一極集中も止まりません。2014年からスタートした地方創生では、2020年に地方と首都圏への転出入をゼロにするという目標を掲げました。目標が達成できていれば、今頃は東京への一極集中は止まっていたはずです。**図表3-9**は実績値と目標値を見たものです。地方創生が始まったのは2014年です。その後、2019年までは首都圏への転入超過者は増え続け、2019年には14万5576人になっています。2014年と比べ33％増で、地方創生の掲げた目標を達成するどころか、東京一極集中が逆にひどくなりました。新型コロナ感染症によって2020年、2021年は転入超過者数がやや減りましたが、2022年、2023年は

図表3-9　首都圏への転入超過者数

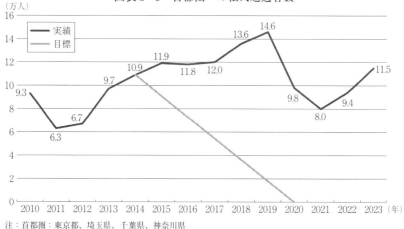

注：首都圏：東京都、埼玉県、千葉県、神奈川県

（出所：総務省統計局「住民基本台帳人口移動報告」より筆者作成）

再び増加に転じ、2023年は11万4802人になっています。

　製造業の輸出を支援するため第一次産業が犠牲にされ、地方では第一次産業で生活を成り立たせるのが困難になっています。第一次産業で働くのが難しくなると、地方都市のサービス業も成立しなくなり、地方都市での百貨店の撤退などが生じています。その一方で、首都圏では大幅な規制緩和が行われ、インフラも整備され、民間投資が集中し、若者の首都圏への転入が止まりません。

　首都圏へ若者が集中する現象は自然現象ではなく、政策的につくり出された現象です。2014年7月に国土交通省は「国土のグランドデザイン2050」を発表しています。そこではスーパー・メガリージョンが提案されています。これはリニア新幹線によって、東京圏―名古屋圏―大阪圏を一体化し、世界最大規模の大都市圏を形成することで、世界中から「人、モノ、カネ、情報」を集めようとする計画です。

　このような計画を立てながら、地方の衰退を防ぐのは困難でしょう。スーパー・メガリージョンでは、首都圏が国際的な都市間競争に勝つ

ことができれば、その成果を地方にも波及させることができると考えているようです。経済のトリクルダウン理論、すなわち大手企業が栄えるとその利益が中小企業にも滴り落ちてくるという理論の地域版です。しかし、トリクルダウン理論と同じで、いつまでたっても成果が地方に滴り落ちてきません。人口が全体として減少する上、若者を中心に地方から首都圏への転出が続くため、地方は二重苦といえる状況で、このままでは地方の衰退が止まらないでしょう。

4　地方自治の縮小

デジタル化による自治体独自施策、基準の縮小

　デジタル田園都市国家構想をはじめ様々な施策で自治体、地域、暮らしのデジタル化が進んでいます。すでにデジタル化は生活の様々な面に浸透しており、デジタル化抜きに生活は語れません。また、デジタル化は利便性の向上、生産性の向上、コスト削減等につながる場合があり、積極的に進めた方が望ましい場合もあります。

　一方、デジタル化がもたらす問題も多くあります。自治体デジタル化との関係では、自治体独自施策、独自基準等の縮小が大きな問題になります。地域には様々な問題があり、自治体がそれらの問題を、地域の特性に基づいて解決してきました。その結果、自治体の施策、基準には独自性、地域性が見られます。しかし、そのような独自性や地域性は排除し、標準化したほうが効率的にデジタル化を進めることができます。

　また、デジタル化をきっかけに市町村の業務を受託しようと考えている企業が多く存在します。現状では市町村によって基準等にばらつきがあり、市町村ごとに様式等を変えなければならない等、企業からみると非効率に見えます。そこで自治体施策の統一化、標準化は企業にとって大きな魅力となります。

　一般的にデジタル化と統一化、標準化は親和性が高く、自治体のデジタル化とともに、自治体施策の統一化、標準化を進めようとしています。自治体施策の統一化や標準化が望ましい場合は、デジタル化に合わせて進めれば良いと思いますが、それが地域の独自性や地域性の排除、ひいては地方自治の縮小につながる場合は、慎重に考える必要があります。現状では、市民や自治体が慎重に考える余裕もなく、政府や企業は統一化、標準化を進めようとしています。

デジタル化による行政の産業化

　スーパーシティやデジタル田園都市国家構想などは、自治体が実施主体であるものの、実際は企業が主導する場合が少なくありません。特に包括的な事業、先導的な事業はその傾向が強くなります。

　会津若松市はデジタル化に熱心な自治体の一つで、デジタル田園都市国家構想の交付金に採択されています。会津若松市の計画では12のプロジェクトとそれを進めるWGを設定しています。[9]そのWGにはWG統括を置いていますが、観光、ヘルスケア、行政、データー連携基盤のWG統括はアクセンチュア（外資系コンサル）、食・農、教育はTOPPAN（凸版印刷）、廃棄物やものづくりはSAP（外資系情報産業）、防災はソフトバンク、モビリティは三菱商事、地域活性化はパナソニック、エネルギーはバンブージャパン（外資系エネルギー産業）になっています。

　岡山県吉備中央町はスーパーシティに応募し、デジタル田園健康特区に採択されました。吉備中央町のスーパーシティの計画でも、会津若松市と同じように7つの分野で分科会を設け、各々責任者とメンバーを**図表3-10**のように決めています。その分野の大手企業が責任者

9　会津若松市「デジタル田園都市国家構想推進交付金 TYPE3、実施計画書申請内容」2022年5月

図表3-10　吉備中央町スーパーシティ推進体制

分科会	医療・福祉	教育	物流
責任者	富士通	ベネッセコーポレーション	ANA ホールディングス
主な参加者	中国銀行 岡山大学医学部	富士通 岡山トヨタ自動車	全日本空輸 中国銀行

分科会	地域ポイント	移動	防災・エネルギー	データー連携基盤
責任者	NTT 西日本	富士通	NTT ファシリティーズ	富士通
主な参加者	中国銀行 マネーパートナーズ ソリューションズ	両備 ホールディングズ トヨタ自動車	中国電力 パナソニック	NTT 西日本

（出所：吉備中央町『吉備高原都市『スーパーシティ構想』への取り組み』2021 年 4 月より筆者作成）

になっており、それ以外にも複数の企業が参画しています。

　全国的にみても、このような包括的な計画の場合、大手企業が責任者になっています。現時点では、市民の健康、福祉、廃棄物、交通、教育等は自治体が計画を立て、その実施については自治体が責任を持っていました。もちろんその過程で、企業に協力を求める場合はありますが、主体は自治体にありました。ところが今回のデジタル化では行政も名前を並べていますが、主体は大手企業に移っています。参画する企業は、当然、収益を求めます。企業がその分野の責任者になると、市民の健康管理、教育、福祉などが、全体として企業の収益対象になってしまい、公共性の強い分野に収益という考え方が持ち込まれます。市民にとっては必要ですが、収益の上がらない分野はどうなるのでしょうか。また、収益を得るのに必要な対価を払えない市民は、サービスを受けることができるのでしょうか。行政の産業化ということにつながりかねません。

地方自治法「改正」による地方自治の後退

　213 回国会で地方自治法改正が議論されています。今回の改正では

「第 14 章　国民の安全に重大な影響を及ぼす事態における国と普通地方公共団体との関係等の特例」を設けました。そして、「大規模な災害」「感染症のまん延」「その他」において「国民の安全に重大な影響を及ぼす事態が発生」または「発生する恐れがある場合」、個別法に基づいて「指示」できない場合は、閣議決定を経て、国は自治体に対して「指示」をすることができるという条文を加えました。

　この改正では以下の三点が問題です。まず一点目は、戦争できる国づくりにつながる改正だということです。「国民の安全に重大な影響を及ぼす事態」としていますが、その中に「その他」を入れています。地方制度調査会では途中まで、「非平時」という呼び方を使っていました。そして「非平時」には「自然災害」「感染症」「武力攻撃」の3類型を想定していました[10]。これが地方自治法改正では、「非平時」を「国民の安全に重大な影響を及ぼす事態」に変更し、「武力攻撃」を削除して「その他」を加えたわけです。「その他」を加えると、どのような事態にでも適用できますが、最大の狙いは「武力攻撃」を念頭に置いた地方自治法の改正だと考えるべきです。そうすると「武力攻撃」が「発生する恐れがある場合」とは、どのような状態を指すのかも問題となりますが、その点は明確になっていません。すでに見た集団的自衛権の行使との関係で考えますと、かなり広い範囲での適用が可能になりそうです。戦争する国づくりの一環と考えるべきです。

　二点目は、国と自治体の関係を主従関係に戻す改正だということです。今回の改正では個別法に基づいて「指示」できない場合としていますが、「自然災害」については災害対策基本法があり、「感染症」については感染症予防法（感染症の予防及び感染症の患者に対する医療に関する法律）があります。そして、各々の 28 条の 6、第 51 条の 5 で、緊

---

[10]　たとえば、第 33 次地方制度調査会第 18 回専門小委員会配布資料「【参考資料 3】専門小委員会における主な意見」2023 年 9 月

急災害対策本部長（内閣総理大臣）、厚生労働大臣は「指示」をすることができると定めています。そのため「自然災害」「感染症」については個別法での対応が可能です。もしこれらが不十分であれば、不十分な理由を明確に示し、個別法の改正で対応すべきです。そもそも国による「指示」というのは、地方自治法第245条の3で定められているように、自治体は従わなければならないものです。そのため、自治事務に対する「指示」は、個別法で対象、内容を限定しています。災害対策基本法、感染症予防法以外では、家畜伝染予防法等に「指示」が定められています。そのようにしているのは、国と自治体は対等の関係であるという憲法及び不十分でしたがその具体化を進めた地方分権改革を踏まえているからです。しかし今回の「改正」では、国が「指示」を出し、自治体はそれに従うという主従関係を、第14章の特例とはいえ、一般法である地方自治法の中に設けたことになります。これは歴史の歯車を戻す動きと言わざるを得ません。

　三点目は、民主的な規制がかからないということです。今回の改正では、閣議決定を経れば「指示」が出せます。そのため、外部のチェックが働きません。感染症予防法に基づいて「指示」を出す場合は、あらかじめ厚生科学審議会の意見を聴かなければなりませんし、その余裕がなかった場合は、事後に厚生科学審議会に報告しなければなりません（第51条の5）。地方自治法に基づいた「指示」にもかかわらず閣議決定だけで可能にするのであれば、内閣の思惑で、「指示」の範囲をいくらでも広げることができます。さらに、「指示」が妥当であったかどうかを検証する仕組みがありません。

　今回の地方自治法の改正は政府が進める戦争できる国づくりの具体化であり、地方自治の縮小を狙ったものだと理解すべきです。

4章 | 自治と公共性の再生

　今まで見てきましたが、このままでは市民の暮らしと地域が困難な状況になります。それを防ぐためには、国の政策を変えること、自治体の政策を変えることの両面が必要となります。本章では、後者について考えますが、端的に表現すると「自治と公共性の再生」です。その具体的な内容を以下で考えます。

1　自治の再生

　市民が地域で安心して暮らし続けるためには、地域の平和をはじめ様々な条件が必要です。また、年をとっても暮らし続けるためには地域での様々な支援が必要ですし、安心して子どもを産み育てるためには、保育環境、教育環境の充実が必要です。このようなことは国が適切な制度をつくり、予算措置を行い、地域の実情を把握している自治体が市民の声を聴きながら実施すべきです。しかし、残念ながら国の政策は市民の願いにこたえるものにはなっていません。このようなときに自治体に求められることは、国の政策から市民を守ること、国に政策の転換を求めること、可能な範囲で市民の願いに応える政策を実施することです。

　1970年代に多くの地域で革新自治体が生まれました。当時市民の暮らしにとって最大ともいえる問題は公害でした。しかし国は、公害対策は経済活動と調和する範囲内で行うという姿勢であり、公害は野放し状態でした。たとえば、大気汚染に関する政策は濃度規制が中心でした。工場等から排出する煙の中に含まれる有害物質の濃度を規制していたわけです。そうすると煙を空気で薄めると濃度が下がるため、

薄めさえすれば有害物質を大気中にいくらでも排出できました。これ
では公害対策にはなりません。また、個々の工場を対象とした排出規
制では、地域の環境は守られません。

　それに対して革新自治体がとったのは、市民の健康を第一義に考え、
公害を規制するという施策でした。具体的には、地域全体で有害物質
の排出総量を規制するという考えでした。大都市の革新自治体がこの
ような対策を取ることで、有効な公害防止対策が進みました。このよ
うな革新自治体の政策は、当該地域の市民生活を守っただけではあり
ません。革新自治体の動きを無視できなくなった政府は1974年に大気
汚染防止法を改正し、国の政策として地域単位での総量規制を導入し
ました。そして都道府県知事が総量規制計画を定め、法律に基づいて
公害防止対策ができるようにしました。

　当時の革新自治体が果たした役割は公害対策だけではありません。
たとえば、1960年代、70年代には、働く女性が増えましたが、保育所
整備は全く進みませんでした。当時の政府は、子育ては家庭の役割と
いう考えで、保育所はごく例外的な位置づけでした。そのような中で
市民は「ポストの数ほどの保育所を」と運動を始めました。その声を
受けて、革新自治体は保育所整備を急速に進めました。

　革新自治体は様々な政策を展開しましたが、その前提にあったのは、
国の政治から市民を守るということでした。これこそが当時の自治体
にとって最も重要なことでした。残念ながら、今の状況は当時の状況
に似ています。沖縄では辺野古への米軍基地移転が政府によって強行
されています。それに対して、沖縄県をはじめとする自治体は辺野古
への移転阻止をかかげ政府に対峙しています。また、かつて新潟県は
政府や東京電力が強行しようとしていた柏崎刈羽原発再稼働に対して、
県独自の考え方をまとめ、再稼働の是非を科学的に検証しようとして
いました。静岡県は政府やJR東海が強行しようとしているリニア新

幹線整備に対して、水資源、生物多様性、残土による環境への影響などを懸念し、疑問が解決されない状況での合意を拒否しています。

　少なくない自治体が市民と地域のことを考え自治体としての責務を果たしていますが、全体的にみると、そのような自治体は多数ではありません。今こそ自治体は、国の政治から市民と地域を守る先頭に立つべきです。

2　公共性の再生

基本的な考え方

　国レベルでは1980年代に、国鉄、電電公社、専売公社が民営化され、JR各社、NTT各社、日本たばこ産業などになりました。その後、2000年代に入り、自治体が直営で運営していた施設、事業の民営化、民間委託が進みました。自治体が運営するよりも民間に任せた方が安いという理由や、自治体よりも民間の方が市民ニーズに敏感で柔軟であるという理由で民営化、民間委託が進められました。特に維新の会は、大阪府や府内市町村の首長を確保して以降、民間でできることは基本的に民間に委ねるという姿勢で、「何でも民営化」というような政策を進めてきました。全国的に見ても、多くの自治体で民営化、民間委託が進んでいます。

　地方自治法第1条の2に、自治体は「住民の福祉の増進を図ることを基本として」と自治体の役割を明記しています。自治体は市民の生活を支え、向上させるために政策を展開する組織です。企業の場合は収益が上がるかどうかが事業を展開するポイントですが、自治体の場合は市民生活に必要かどうかがポイントになります。

　この間、自治体が担ってきた多くの事業等が民間に委ねられましたが、はたしてそれでいいのでしょうか。自治体が直接関わった方が望ましい分野まで民間に任せてきたのではないでしょうか。もう一度、

自治体のあり方を考えるべきだと思います。その具体的な内容を以下で展開します。

地域福祉における公共性の再生

2000年に介護保険制度が導入され、自治体が介護サービスを直接提供することは、ほとんどなくなりました。しかし、介護サービスを地域でどのように展開するのかという計画は自治体が作成しています。そのような状況に対して、すでに見ましたが深刻な事態が進みそうです。一つ目は、介護報酬の改訂などにより、事業者の撤退が増えそうなことです。市町村が市民ニーズに基づいて計画を立ててもサービスを提供する事業者が減れば、市民ニーズに応えることができません。二つ目は、相次ぐ本人負担の拡大により必要な介護サービスは受けるのが難しい市民が増えそうなことです。今でも要介護認定を受けていても、すべての人が介護サービスを使っているわけではありません。今後、本人負担が増えれば、サービスを使うことが難しくなり、身体状況の悪化を招く市民が増えそうです。三つ目は、政府が進めようとしているデジタル化では、自治体が基本的な計画を立案するのではなく、企業が計画策定を進めそうなことです。企業が計画すると、収益を上げやすいサービスがバラバラに展開され生活全体を支えることが難しくなるのではないか、採算に合わない市民に対するサービス提供はどうなるのか、計画に対して市民の意見はどのように反映されるのか等いろいろな問題が出されています。四つ目は、保険料が高くなり、生活が成り立たなくなるということです。

このような状況に直面し、今こそ自治体は地域の高齢者介護に責任を持つべきです。企業・民間任せにするのではなく、すべての高齢者が住み続けられるような計画づくりを当事者や家族の意見を聴きながら立案すべきです。介護保険のさらなる改悪をやめるように政府にきち

んと意見を言うべきです。賃金が原因で介護職員が集まらない場合は、自治体が一定の負担をしてでも介護職員の確保に努めるべきです。もし事業者の撤退が進むようであれば、行政が直営で必要な介護サービスを提供すべきです。高齢者介護に限らず当たり前のことですが、民間事業者で必要なサービスが満たせないときは、行政は直営でサービスを提供しなければなりません。地域包括ケアでは高齢者の住まいの確保が重要だとしています。しかし、実際に進んでいるのは公営住宅の削減です。民間住宅を活用するのも重要ですが、公営住宅を積極的に活用して、高齢者が地域で住み続けられるようにすべきです。高齢者が地域で暮らし続けられるようにすることは自治体の責務です。民間任せにするのではなく地域の実態を踏まえ、行政の責任を明確にして取り組むべきです。

　異次元の少子化対策が2014年度からスタートしました。いろいろと考えられていますが、中心は児童手当の引き上げとこども誰でも通園制度です。保育所等を利用していない3歳未満児を抱える家庭で育児不安が増大しているのは事実で、そこに対する対策が急がれます。こども誰でも通園制度は検討中ですが、6ヵ月から3歳未満の子どもで、月10時間まで、個人負担は1時間当たり300円という案で議論が進んでいます。事業者は保育所、認定こども園、幼稚園などで、基準を満たしていると市町村が認めれば、この事業を展開できます。利用方法には定期利用と自由利用の二つが設定されています。定期利用はたとえば月曜日の9時30分から12時まで、毎週2時間30分、決まった事業者を利用するようなケースです。自由利用は明後日の午後3時間、翌週の金曜日に2時間、事業者をその都度変えてもいいようなケースです。

　自由利用を想定すると市町村が窓口では対応できません。そこで政府が開発しているのは、デジタル技術を活用した家庭と事業者をつな

ぐマッチングシステムです。具体的にどのようになるかはわかりませんが、おそらくコロナワクチンのシステムに近いと思います。保護者がスマートフォンで事業者を検索し、その事業者名をクリックすると、受け入れ可能時間、人数、条件が表示され、その中から希望する時間帯を選んでクリックすると申し込み完了のような形です。

　一見すると便利そうですが、ワクチンを打つわけではないので、このような形で子どもを預けて適切な保育が行えるのか、はなはだ疑問です。

　現状では、この制度に似た事業として一時保育事業があります。これは市町村事業であり、市町村が責任を持って進めます。それに対して、こども誰でも通園制度では、自治体はほとんど関与しません。契約も保護者と事業者が直接結びます。今、児童虐待が問題になっており、そのような家庭に対する支援が重要です。しかしネグレクトになっている保護者が利用料を払って、自発的にこのシステムを使うとは思えません。また、このような家庭は子どもを預かればいいというのではなく、保護者に対する対応が重要です。しかしこども誰でも通園制度は、市町村のかかわりを外し、保護者と事業者のマッチングシステムとして構想されています。確かにそのような操作に慣れている保護者にとっては便利な制度だと思います。それこそ明日、友人とランチに行くことになったので、急遽、子どもを預ける場所を探したい、このようなニーズには対応できるかもしれません。ただし子どもにとって望ましいかどうかは別ですし、多額の予算をかけて優先的に実施すべき内容かも疑問です。

　一時保育事業とは異なり、市町村の責任をあいまいにし、民間中心の制度に変えていくのでは、対応の必要な家庭ほど零れ落ちてしまいます。そうではなく、市町村が家庭の子育て状況を把握し、適切なサービスにつなぎ、場合によっては市町村が直接サービスを提供するよ

うな子育て支援を優先させるべきです。

　学童保育分野では委託、指定管理者制度の導入が進んでいます。2015 年からスタートした子ども・子育て支援新制度で学童保育の位置づけが変わりました。その直前の 2014 年と 2023 年の学童保育の運営主体を見ますと、公営は 38.3% から 27.6% に 10% 以上低下しています[1]。反対に、民間企業による運営は 2.3% から 15.5% に増えています。学童保育そのものは増えていますが、その増加割合以上に民間企業運営の学童保育が増えています。その理由は学童保育を行政が直接運営するのではなく、指定管理者制度や委託を活用して、民間企業に委ねているからです。民間企業が運営している学童保育 5578 ヵ所のうち、委託が 3765 ヵ所（67.5%）、指定管理者が 1074 ヵ所（19.3%）です。

　学童保育は子どもの生活の場です。しかし、企業が運営する以上、収益を求めます。学童保育経費の大部分は学童保育指導員の人件費です。収益を上げるため人件費を削っていますが、その結果、職員の入れ替わりが激しくなっています。また、委託、指定管理者は永続性が保障されません。そのため契約満了とともに事業者が代わり、指導員が大幅に入れ替わったりします。このようなことが生じると、そのひずみは子どもに出ます。

　もともと委託や指定管理者制度を導入する理由は、行政の予算が削減できるということでした。いったん委託すると、行政に学童保育を運営するノウハウがなくなります。そうすると委託や指定管理者制度による問題が表面化しても、委託費が高騰しても、直営に戻せません。

　そもそも学童保育は子どもの発達と保護者の就労を保障する事業です。そのような公共性の高い事業を民間企業に委ねていいのかどうかが問われています。学童保育の公共性を真剣に考えるべきです。

1　全国学童保育連絡協議会「学童保育情報 2023-2024」2024 年 2 月

教育における公共性の再生

　本来、学校教育は行政から独立した教育委員会の下で、教員の自主性を保障し、子ども、保護者、市民参加の下で進めるべきです。行政は教育内容に介入するのではなく、充実した教育が行われるように適切な予算措置を行い、教育環境の整備に責任を持つべきです。しかし実際に進んでいるのは、教育環境の悪化につながりかねない学校の統廃合や、行政による教育内容への介入、教員に対する評価等です。やるべきことをやらず、やるべきでないことをやっています。

　子どもの発達を保障するのは行政の責務です。多くの自治体が進めている学校統廃合について、少子化対策が急がれる中で政策として妥当なのかどうか、子どもの教育環境整備が重要ですが学校統廃合がプラスに働くのかどうか、様々な面からコミュニティの重要性が指摘される中で学校統廃合はコミュニティの弱体化を招くのではないかなど、いろいろな問題が指摘されています。学校統廃合を保護者、地域の反対を押し切って強行している自治体が多くありますが、学校統廃合後、きちんと検証している自治体は皆無です。いったん立ち止まり、学校教育における行政責任をもう一度考え直すべきです。2章で述べましたが、高校教育を私立にゆだねる動きもあります。公立学校の重要性をもう一度考えるべきです。

　学校教育については教育委員会の役割が重要です。行政が介入するのではなく、行政からの独立性を保障し、市民、教職員、子どもの意見が届くようにすべきです。また、教職員の自主性を尊重することも大切です。教員が科学に裏付けられたスキルアップを図り、子どもの視点に立った民主的な教育を実践できるようにすべきです。教員の自主性を保障するためには雇用の安定、長時間労働の解消が重要です。そのため、欠員の補充は当然ですが、教員数の抜本的な改善に取り組むべきです。

　日本の学校教育環境は他の先進国と比べても劣悪です。子どもたち
が学びやすい教育環境を整備することは行政の責任です。積極的に少
人数学級の導入を進め、冷暖房整備、トイレの改修、バリアフリー改
修などを早急に進めるべきです。今時、冷房がない、和式トイレ中心
という建物は学校ぐらいです。

　社会教育の充実も行政の責任で取り組むべきです。行政からの独立
は学校教育だけでなく、社会教育にも必要です。教育を為政者から独
立させるべきというのは戦後教育の原点であり、社会教育でも同様で
す。そのため、社会教育を市長部局に移管させるのは避けるべきです。

　図書館や公民館の統廃合も進められています。都道府県立中央図書
館は重要ですが、市町村の場合は、規模よりも身近な場所に気軽に使
える社会教育施設があるかどうかが重要です。立派な施設であっても
電車や車を使わなければ行けないようでは、日常生活の中で使うこと
ができません。図書館を集客施設と考え、駅前再開発ビルに導入する
例もありますが、本末転倒です。市民にとっての利便性は重要ですが、
行政の財政負担が増えます。図書館法第2条で明記されていますが、図
書館は市民の「教養、調査研究、レクリエーション等に資することを
目的とする施設」です。集客を目的とした施設ではありません。

　図書館や公民館など社会教育施設に指定管理者制度を導入する動き
が広がっています。しかし社会教育に責任を持つのは行政であり、原
則として行政が直営で運営すべきです。また主催事業だけでなく、市
民の自主的な学習を保障すべきです。図書館には図書館協議会を、公
民館には公民館運営審議会を置くことができます。コミュニティの代
表者、各種サークルの代表者など、市民参画を促し、市民ニーズに沿
った民主的な運営を行うべきです。そのようなことを最も適切にでき
る運営形態は行政直営です。行政は民間任せにするのではなく社会教
育に責任を持ち、内容については教育委員会、職員、市民の自主性を尊

重し、社会教育を進めるための環境整備を行政の責任で行うべきです。

地域経済における公共性の再生

　地域経済対策というと都道府県かせいぜい政令指定都市の仕事というとらえ方が多いと思います。もちろん市町村でも、中小企業に対する融資、商店街活性化、工業団地の整備、駅前再開発等は行っています。しかし、トータルな地域経済対策を市町村が進めてきたかというと疑問です。それは従来、多くの雇用は事務所が集中するオフィス街、大規模な工場群、大規模な商業施設群等で確保されており、それらの多くは大都市中心部もしくはコンビナートや工業団地に立地していたからです。

　その時代、お父さんは郊外住宅地から都心部もしくは工業地帯に通勤し、夜遅くに帰宅します。お母さんと子どもは郊外住宅地で暮らしています。郊外住宅地にある市町村の施策対象は、経済というよりも、福祉、教育が中心になります。お金の循環でみると、都心部のオフィスや工場でお父さんが得た賃金が郊外住宅地にもたらされ、一部は家族の消費に回り、残りは市町村税として納付され、市町村の福祉、教育予算として支出されます。

　しかし、大規模なオフィスや工場での雇用は減りつつあります。それに代わって増えているのは、生活に関連する各種サービス等での雇用です。特に高齢者が増えているため、高齢者介護の分野で働く人が増えています。**図表4-1**は産業別就業者数を見たものです。医療・福祉分野で働いている人の数を見ますと、2002年では474万人でしたが、2006年には建設業を抜き、2023年には910万人になっています。約20年間で92%増です。それに対して同じ期間に製造業は12.2%の減少、卸売・小売業は9.1%の減少、建設業は21.8%の減少です。医療・福祉分野の雇用の多くは都心部や工業地帯ではなく、人々が暮ら

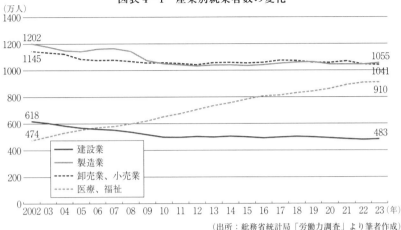

図表 4-1　産業別就業者数の変化

（出所：総務省統計局「労働力調査」より筆者作成）

している地域で発生します。

　また、女性の就業率が高くなっています。2020 年時点でみると、日本の女性の就業率は 70.6% です。OECD 諸国の平均が 59% なので、日本は平均を 10% 以上超えています。最高はスイスの 75.9% ですが、日本の女性就業率は年々上がっています。[2]お父さん、お母さんともに都心部で働くと、通勤時間が長くなり、子育てなどが大変になり、遠距離通勤を敬遠しがちです。そのため生活の場に近い事業所が見直されています。

　一方、消費の在り方も変わっています。かつてはお母さんが地域の商店街で買い物をしていました。しかし、商店街は衰退が進み、買い物の多くはコンビニ、大手スーパー、ネット通販などに替わっています。そうすると消費したお金が地域外に出ていきます。

　地域経済が活性化するかどうかは、地域でどれだけお金が流通するかで決まります。外部から入ってくるお金を増やすこと、外部に出て

2　内閣府男女共同参画局「男女共同参画白書令和 4 年版」

いくお金を減らすこと、地域内で循環するお金を増やすこと、それらができると地域で流通するお金が増えます。特に重要なのは地域で循環するお金を増やすことで、そのような経済を循環型経済といいます。

　生活の場で雇用が発生しだしているため、その雇用を安定したものとして地域にどう定着させることができるか、就業を希望する市民とのマッチングをどう進めるかなどが、事業者、市民双方にとって重要になります。地域で発生する雇用は大規模な事業所ではなく、中小企業、小規模企業が大半です。そのような企業に対する支援、起業の支援、事業の承継なども重要です。同時に商店街の活性化等を通じて地域でお金を使えるようにしなければなりません。また、第1次産業の振興と農林水産物が地域で流通する仕組み、太陽光発電や風力発電、小水力発電、バイオマス発電等によって生み出されるエネルギーが地域で消費できる仕組みなどを考えなければなりません。さらに市民が地元の金融機関に預金し、地域の金融機関が地元の企業等に融資する仕組みも重要です。

　かつてのように地域経済対策は都道府県や政令指定都市だけの仕事ではありません。大都市中心部や大規模な工業地帯に依存できない時代であり、市民の暮らしの場に可能性が見いだせる時代です。そのため、市町村自らが先頭に立って、地域で流通するお金を増やすような対策、お金が循環するような循環型経済の在り方を考えるべきです。融資、商店街活性化策等を単発で進めるのではなく、雇用、資金、商品等を地域でトータルにとらえる経済対策が重要です。令和5年11月時点で47都道府県、692市区町村で中小企業振興基本条例が制定されています。[3] 中小企業振興基本条例に基づき、条例が未制定の自治体は条例をつくり、市町村が先頭に立って、事業者、市民などとともに地域経済活性化の在り方を考えるべきです。

3　地方自治研究機構「中小企業振興に関する条例」2024年3月

まちづくりにおける公共性の再生

　20世紀に自動車が普及し、21世紀に入ってインターネットが広がっています。しかし、日常的な人々の生活範囲は、徒歩で移動可能な範囲、人々が地域として認識できる範囲によって規制されるため、科学技術の進歩とあまり関係なく、ある一定の広さにとどまります。一般的にこの範囲を日常生活圏と呼びます。日常生活圏は生活の範囲が狭く、そこで過ごす時間が長い子ども、高齢者を基準に考える必要があります。都市部と農村部ではやや異なりますが、日常生活圏は小学校区で考えるのが適切です。都市部では面積1km^2、人口1万人が基本です。

　この日常生活圏内に、日常生活に必要な施設、サービスを整えることが重要です。日常生活に必要な施設とは、小学校、幼稚園、保育所、児童館、図書館、公民館、公園、文化施設、スポーツ施設、高齢者施設、障がい者施設、公営住宅、医療機関、商業施設などの各種公共・公的施設、民間施設です。これらの施設が整っている地域は子育てしやすく、年をとっても暮らし続けられる地域です。反対にこれらの施設が不十分だと暮らしにくい地域になります。

　防災対策もこの日常生活圏単位で進めることが基本です。十分な数と質の避難所、福祉避難所を日常生活圏内に確保し、日頃から市民主体の防災訓練を実施すべきです。いざというときは日常のコミュニティを崩さず、避難所での生活が継続できるようにすべきです。そのようなことができている地域は災害に強い地域です。

　まちづくりの基本は、日常生活圏を中心に、生活を支える各種の施設を整備していくことです。ところが、小学校の統廃合が進んでいます。小学校区は日常生活圏の基礎単位ですが、この基礎単位が簡単に変わってしまうと、日常生活圏の計画的な整備ができません。また財政的理由から、まちづくりを考慮せず、公共施設の統廃合が進んでい

ます。このようなことを進めると、日常生活圏から生活を支える公共施設が抜け落ちてしまいます。特に郊外で公共施設の統廃合が目立ちますが、そのようなことを進めると生活困難な地域になります。

　また、地域には様々なコミュニティ組織があります。自治連合会、婦人会、子ども会、青年団、消防団等。これらコミュニティ組織を形成する範囲も日常生活圏と一致する場合が多いといえます。防災避難訓練などは小学校区単位で、小学校を会場として取り組んでいます。そして、地域の避難所として、その地域の小学校が指定されています。子どもが犯罪に巻き込まれるケースが増えており、地域で防犯活動に取り組んでいます。その場合でも、小学校を中心にPTAや老人会などが共同で進めています。そのような中で小学校の統廃合を進めると、小学校及び小学校区とコミュニティ組織の対応関係に混乱が生じ、コミュニティ組織の弱体化につながりかねません。

　道路整備や駅前整備は重要ですが、最も重要なまちづくりは、日常生活圏の整備を通じて住み続けられるまちをつくることです。この視点が欠け落ちると、歳出の削減はできるかもしれませんが、まちそのものが衰退します。まちづくりは行政が長期的視点を持ち、地元の各種コミュニティ組織、市民と共同しながら、行政責任で進めるべきです。

ライフラインにおける公共性の再生

　ライフラインは生活に必要なインフラです。エネルギー、上下水道、公共交通・移動手段、情報回線、ゴミの収集などです。エネルギーは化石燃料の利用を減らし、再生可能エネルギーを増やすことが重要です。国任せにするのではなく、自治体が地域の特徴を生かした様々な取り組みを進めるべきです。石油ストーブを使っても燃料代は地域外、さらには海外に出ていきます。山林があればバイオマス発電、水があ

れば小水力発電、さらに風力、太陽光など様々な方法が考えられます。森林組合と協力して木質ペレットをつくり、それで発電すれば、林業の振興に役立ち、新たな雇用が生まれます。そのような仕組みづくりを行政が民間と協力して進めるべきです。もちろんメガ・ソーラーのような環境破壊を引き起こし、防災的にも危険な方法はとるべきではありません。

　水道を民間事業者に任せようとしている自治体があります。しかし水道は市民生活に欠かせないインフラです。ヨーロッパでは水道の民営化を進めている自治体が多くありますが、民営化後、水道料金の値上げが続くなど、様々な問題が噴出し、再公営化した自治体もあります。そのような教訓から学び、行政の責任で上下水道の維持管理を行いつつ、耐震化を早急に進めるべきです。

　人々が地域で暮らし続けるためには移動手段が必要です。かつては郊外と都心部を結ぶ公共交通手段を整備し、個別の移動は自動車が中心でした。しかし今では、地域内での移動が増え、高齢者が増えたため自動車を自分で運転して移動することが難しい人が増えています。そのような中で日常的な買い物、医療機関との行き来など、地域内での移動をどう保障するかが重要になっています。デジタル田園都市国家構想では自動運転を計画している自治体が少なくありませんが、自動運転がいつ実現するかは不透明ですし、すべての市民が自動運転の恩恵を受けることができる保障もありません。自治体は直面している移動手段確保という問題解決を、民間やボランティア任せにするのではなく、行政と民間事業者、市民が協力して進めるべきです。地域公共交通の活性化及び再生に関する法律で定められた協議会を設け、地域公共交通計画を作成することも検討したらいいと思います。

　また、地方ではローカル線の廃止が大きな問題になっています。日本の公共交通は「公共」という言葉がついていますが、独立採算性が強

いられています。そもそも国鉄の分割民営化が大きな誤りであり、路線ごとに収支を出し、順次ローカル線を廃線するのは避けるべきです。公共交通である以上、独立採算ではなく、行政が運営を支援し、生活に必要なインフラとして極力維持すべきです。またローカル線の廃止を前提にしたような再構築協議会を設定しないように事業者に働きかけるべきです。

　ヨーロッパでは公共交通の無償化が広がっています。バスや電車などの運行経費を行政が負担し、利用料を無料にする仕組みです。高齢者をはじめとした利用者には非常にいい制度です。その面だけを見ると行政の財政負担は増えます。しかし、無料にすることで高齢者が利用しやすくなり、家から出る頻度が多くなると介護予防になります。高齢者の健康が維持できると介護にかかる公費負担が軽減できます。また、無料にすると公共交通を使って都心部に買い物に来る人が増え、都心部の活性化につながり、税収が増えます。行政の財政収支はトータルに考える必要があります。公共交通の充実や移動手段確保が今後ますます重要になります。民間事業者任せにせず、行政が責任をもって検討すべきです。

3　自治体の再生

自治体職員の充足と雇用の安定

　自治と公共性の再生を進めるためには、その要となる自治体の再生が必要です。これができなければ、自治と公共性の再生は絵に描いた餅になります。

　自治と公共性の再生を進めると行政の仕事が増えます。しかし、自治体では仕事量に見合った職員が確保できていません。令和5年時点で自治体の職員数は280万1596人です。それを部門別に見たのが**図表4-2**です。教育は公立学校の先生など、警察、消防は警察署、消防署

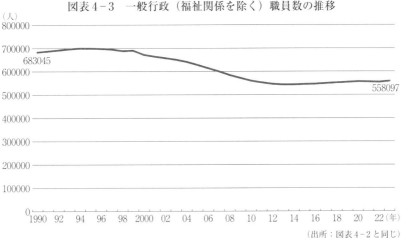

図表 4-2　自治体の部門別職員数割合

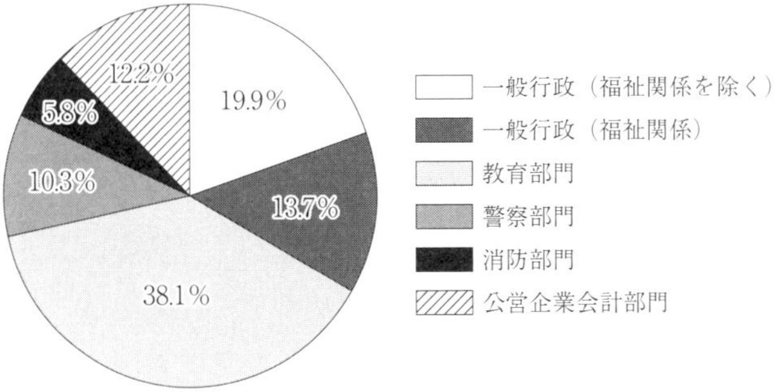

（出所：総務省「令和 5 年地方公共団体定員管理結果」より筆者作成）

図表 4-3　一般行政（福祉関係を除く）職員数の推移

（出所：図表 4-2 と同じ）

　の職員など、公営企業会計は公立病院や水道局の職員などです。一般
行政は福祉関係とそれ以外に分かれますが、福祉関係は保育所や保健
所などの職員です。一般的に市役所等で働いている行政職員は、自治
体職員のうち 20% 程度です。

　一般行政（福祉関係を除く）の職員数の変化を見たのが**図表 4-3**で
す。1990 年は 68 万 3045 人、1999 年は 69 万 172 人で、1990 年代は 68

万人台から 69 万人台でほぼ一定でした。ところが 2000 年から職員の減少が始まり、2010 年には 55 万 9785 人まで減っています。10 年間で約 20% の減少です。それ以降は 55 万人前後で推移し 2023 年は 55 万 8097 人です。

　その上、先にみたように非正規職員が増加しています。この状態のままでは、自治と公共性の再生を進めることは容易ではありません。自治体が自治体としての役割をきちんと果たすためには、必要な自治体職員を確保すること、自治体職員の雇用の安定を図ることが必要です。

議員定数の回復と議会の活性化

　地方議会は市民の声を議会に反映させる場です。その議員数が急速に減少しています（**図表 4-4**）。2000 年の地方議会議員定数は 6 万 2694 人で、2002 年までは 6 万 2000 人台でした。しかしその後、平成の大合併によって議員定数が急減し、2004 年には 5 万 7673 人と 5 万人台

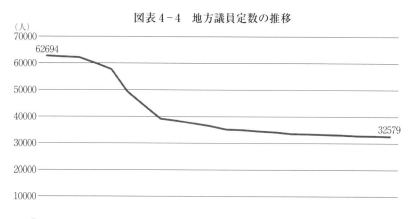

図表 4-4　地方議員定数の推移

（出所：総務省「地方議会議員数の推移」より筆者作成）

図表 4 - 5　地方議員の性別比

	男性	女性
日本人人口	47.5	52.5
都道府県議会議員	88.2	11.8
市区議会議員	82.5	17.5
町村議会議員	88.3	11.7

（出所：日本人人口は、総務省統計局「人口推計」より 20 歳以上人口の性別比を算出。議員の割合は、総務省「地方議会議員の概況」より筆者作成）

になり、翌 2005 年には 4 万 9371 人と 4 万人台、2007 年には 3 万 9183 人と 3 万人台になっています。そして 2012 年には 3 万 4953 人まで減少しています。2002 年から 2012 年の 10 年間で 43.7％ の減少ですからほぼ半減です。市町村合併で市町村の数は減りましたが、人口はそこまで減っていません。ということは市民一人当たりの議員数が大幅に減ったことを意味しています。議員は市民の声を議会に届ける役割を持っていますが、議員定数が減少すると、少数意見が議会に届きにくくなり、議会に設けられた委員会等で十分審議するだけの議員数が確保できなくなります。市民の意見を議会に的確に届け、議会できちんとした議論ができるようにするためには議員定数の回復が必要です。

　同時に議会の活性化も必要です。**図表 4 - 5** は地方議員の性別比を見たものです。有権者は男女比がおおよそ 1：1 ですが、議員の性別を見ると圧倒的に男性が多く、都道府県議会議員、町村議会議員はほぼ 90％ が男性です。**図表 4 - 6** は地方議員の年齢比を見たものです。日本人人口で 60 代、70 代は 30.4％ です。それに対して地方議員の 60 代、70 代は、都道府県議会議員で 42.5％、市区議会議員で 55.5％、町村議

図表4-6　地方議員の年齢比

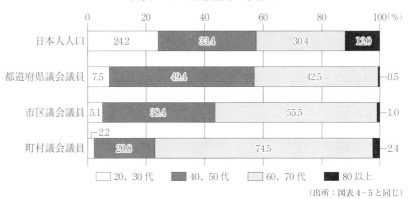

（出所：図表4-5と同じ）

会議員で74.5％です。町村議会の場合、議員の4分の3が60歳以上であり、年齢の偏りが大きくなっています。一方、80代以上と20代、30代は非常に少なくなっています。80代以上は体力的な問題もありますが、20代、30代の若者が全体的に少なくなっています。

　男女半々にしなければならないというわけではありませんが、性別、年齢の偏りが大きいのは、市民の代表という点で問題があります。議会に市民の声を反映させ、活発な活動を行うためには、女性、若者の議員を増やす必要があります。

4　自治体の民主的運営

市民ニーズの把握

　自治と公共性を再生するためには、そのような市民の願いが自治体政策に的確に反映されるようにしなければなりません。行政は市民ニーズに鈍感だというような指摘もありますが、そうではありません。自治体の政策が市民ニーズから乖離するのは、そもそも市民ニーズに無関心だからか、もしくは市民ニーズを反映するような仕組みが不十分だからです。市民ニーズに無関心な自治体であれば、自治体に値し

ないわけで、その場合は首長の交代から始めなければなりません。これについては5章で述べます。そうでない場合は、市民ニーズを的確に把握し、それが政策へ反映されるような仕組みを築く必要があります。

　市民ニーズの把握で一番重要なことは、自治体が直営で公共サービスを展開し、それを通じて行政職員が、市民から直接ニーズを把握することです。民間がサービスを展開すると、行政は民間を通じて、間接的にしか市民ニーズを把握できません。すべての公共サービスを行政が提供することは困難ですが、いま直営で提供しているサービスはできる限り直営を維持すべきです。また、委託や指定管理者にしている場合は、直営に戻すことも選択肢として検討すべきです。

　地域には、子ども、高齢者、障がい者等の当事者団体、自治会、老人会、婦人会などのコミュニティ組織、文化団体、スポーツ団体、商工団体、各種業界団体があります。そのような当事者団体、諸組織の状況、要望などを積極的に把握すべきです。

　総合計画の策定時や様々な個別計画を策定する際には、各種の市民調査、利用者調査、実態調査などを行うべきです。この場合は、コンサル等に丸投げするのではなく、行政職員が直接、調査にかかわらなければなりません。

　図書館には図書館協議会、公民館には公民館運営審議会を置くことができます。このような仕組みを積極的に活用して利用者の意見を聴くと同時に、運営に反映させるべきです。

市民ニーズの政策への反映

　市民ニーズを把握しそれを政策に生かすために最も重要なことは、行政職員が政策決定に関与することです。自治体が展開する政策の効果、市民の反応などを直接把握しているのは行政職員です。様々な会議等を通じて、職員の意見が政策に反映するような仕組みをつくるべ

きです。様々な政策や計画を作成するにあたって、専門家のアドバイスを受けることは重要ですが、行政職員が主体的にかかわれるようにすべきです。そうしなければ行政職員のキャリア形成につながりません。

　計画や政策を決定する際、説明会、パブリックコメント、ワークショップ、意見書の提出など、様々な方法で市民の意見を聴くことができます。これらの機会を形式的にせず、市民が意見を表明しやすい条件を整え、市民の意見を広く募り、必要に応じて政策に反映させるべきです。

　行政の大きな問題は政策や計画の検証をほとんどしていないことです。特に反対意見が出された政策を実施した場合は、当初想定していた目的が達成できたのか、問題は生じていないかなどをきちんと検証すべきです。検証もせずに、次々と同じ政策を実施するのは非民主的ですし、科学性にも欠けます。検証をきちんと行い、それを次の政策に生かすべきです。

民営化ではなく地域化を進めるべき

　市民参加を保障し、市民ニーズに的確にこたえるためには機構改革も検討すべきです。最近進んでいるのは行政が直接になってきたサービスなどを、民間にゆだねる民営化ですが、これでは逆に市民の声が届きにくくなります。

　市民参加を進めるためには、市民に近いところで、行政職員が仕事をすべきです。少なくとも人口が10万人を超えるような市や平成の大合併で合併した市町村などは、本庁ですべての業務を実施しない方がいいと思います。支所の職員を充実させ、支所の機能を拡充し、できるだけ地域単位で、その地域の市民の意見を聴きながら、業務を遂行すべきです。支所がない場合は歴史性、地形などを考慮して支所を設

置すればいいでしょう。

　高齢者福祉、障がい者福祉、子育て支援、身近なまちづくり、防災、防犯、社会教育などは支所単位で取り組むべきです。支所で各種証明書の発行などをすることは重要ですが、それにとどまらず、実質的な業務をすべきです。

　支所では市民参加を徹底すべきです。大きな行政が、本庁で市民参加を進めようとしても困難でしょう。狭い範囲で、市民に身近な単位を設定した方が、市民参加は進めやすいと思います。支所が担当する高齢者福祉や障害者福祉など個別の分野で当事者の参加を促すべきです。同時に支所全体でも、その支所が担当するエリアの市民を組織し、市民協議会のようなものをつくり、支所の施策全体に反映させるべきです。

　政令指定都市の場合は、現在の行政区の機能を拡充すべきです。将来的には行政区の下に、さらに支所を設置すればいいと思います。支所がカバーする範囲は市町村によって異なります。無理にそろえる必要はありません。将来的には、先に述べた日常生活圏と支所の設置範囲が重なれば、非常に好ましいと思います。

　市民ニーズを把握し、市民参加型で行政運営をするためには、市民に近いところで行政職員が市民とともに業務をする必要があります。それを保障する機構改革は本庁に集約している権限、予算を、支所など地域に分散させることです。ここではそれを地域化と呼びます。民営化は、業務を市民から遠ざけるものです。いま必要なのは民営化ではなく、地域化です。

5章 | 地方政治が動く条件

　4章で述べた自治と公共性の再生が重要ですが、残念ながらそのようなことを考えていない自治体も多く存在します。その場合は首長を含め、自治体の姿勢そのものを変えなければなりません。選挙を通じて自治体の姿勢が大きく変わった事例が見られますが、本章では、そのような事例にはどのような共通点があるのか、どうすればそれが実現できるかを考えます。

1　地方政治が動いた選挙の特徴

杉並区長選挙（2022年）

　2022年6月に杉並区長選挙が行われ、立憲、共産、社民などの推薦を受けた岸本聡子氏が現職を破って区長に就任しました。岸本氏が選挙で訴えた中心は、行政の公共性とは何かでした。その後の区政の政策を見ていますと、岸本氏の区長就任で杉並区は大きく変わったといえます。

　さて、岸本氏の得票数は7万6743票、現職は7万6557票でした（**図表5-1**）。2018年6月の杉並区長選挙では、共産、新社会党などの推薦を受けたY氏が3万7067票を獲得し、現職は7万3233票でした。2018年にY氏が得た票は岸本氏に引き継がれ、現職が2018年に得た票は2022年にそのまま当人に引き継がれたとします。岸本氏はY氏の票に4万票上乗せ、現職は自らの票に3000票上乗せしたことになります。この4万票はどこから来たのでしょうか。

　2018年の選挙で、現職、Y氏以外の候補者は3万5273票獲得し、2022年の選挙では、岸本氏、現職以外の候補者は1万9487票獲得し

ていました。この差は 1 万 5785 票です。また、2018 年と 2022 年の投票率は 32% から 37.5% に上がったため、投票数が 2 万 7214 票増えています。この 1 万 5785 票と 2 万 7214 票の合計 4 万 2999 票のうち、4 万票が岸本氏に流れ、3000 票が現職に流れたことになります。

　こう見ると、岸本氏が勝った理由は、投票率が上がり、その増えた票の大半が岸本氏に投じられたためと考えられます。

　次に 2018 年の区長選挙と 2022 年の区長選挙の投票率を年齢別、男女別に見たのが**図表 5-2** です。このグラフで使っている数値は増加率です。たとえば、20 代女性の投票率は 2018 年の 14.9% から 2022 年は 21.7% に上がっていますが、この増加率は（21.7 － 14.9）÷ 14.9 ＝ 45.6% で計算しています。

図表 5-1　杉並区長選挙の候補者別得票数

	2018 年		2022 年	増減
Y 氏	37067	岸本氏	76743	39676
現職	73233	現職	76557	3324
K 氏 T 氏	29806 5467	T 氏	19487	-15786
	145573		172787	27214

（出所：杉並区選挙管理委員会「選挙の記録、平成 30 年6 月 24 日執行、杉並区長選挙」、同「選挙の記録、令和 4 年 6 月 19 日執行、杉並区長選挙」より筆者作成）

図表 5-2　杉並区長選挙（2018 年→2022 年）性別・年齢別投票率増加割合

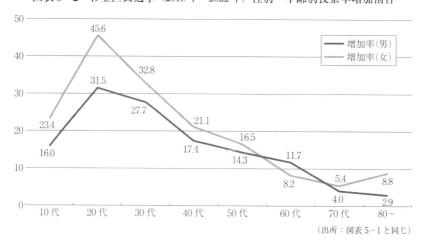

（出所：図表 5-1 と同じ）

グラフを見れば明らかですが、すべての年齢層で増加していますが、特に増えているのは 20 代、30 代、10 代の若者層です。また、60 代を除くと、すべての年齢層で女性の伸びの方が大きくなっています。

　要するに、女性と若者の投票率が上がり、その増えた票の多くが岸本氏に流れたため、岸本氏が勝ったと考えられます。

杉並区議会議員選挙（2023 年）

　杉並区長選挙の翌年に杉並区議会議員選挙が行われました。前回の選挙と党派別当選者数を見たのが**図表5-3**です。自民が 15 議席から 9 議席へと 6 議席減らし、公明は 1 議席減、共産、立憲は同数でした。また、女性議員が 15 名から 24 名に増え、女性議員の割合がちょうど 50％ になりました。**図表4-5**で見ましたが、全国市区議会議員の女性比率は 17.5％ ですから、杉並区議会の女性議員比率は極めて高く、区議会にとって大きな変化だといえます。

　区議会議員選挙の投票率ですが、2019 年は 39.5％、2023 年は 43.7％ です。この投票率を**図表5-2**と同じように、年齢別、男女別で見たのが**図表5-4**です。グラフの形は**図表5-2**と似ています。70 代男性と 80 歳以上男性のみマイナスになっていますが、それ以外はすべて増加しています。特に伸びているのは 20 代と 30 代です。また、10 代、60 代を除くと、すべて女性の伸びが大きくなっています。

図表5-3　杉並区議会議員の
党派別当選者数

	2019 年	2023 年
自　民	15	9
公　明	7	6
共　産	6	6
立　憲	5	6
生活者ネット	2	2
都民ファースト		2
維　新		2
その他	3	4
無所属	10	11
合　計	48	48

（出所：杉並区選挙管理委員会「選挙の記録、平成 31 年 4 月 21 日執行、杉並区議会議員選挙」、同「選挙の記録、令和 5 年 4 月 23 日執行、杉並区議会議員選挙」より筆者作成）

図表5−4　杉並区議会議員選挙（2019年→2023年）性別・年齢別投票率増加割合

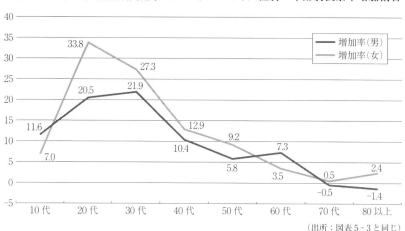

（出所：図表5−3と同じ）

横浜市長選挙（2021年）

　2021年8月に横浜市長選挙がありました。この選挙の最大の争点は横浜にカジノを誘致するかどうかでした。この選挙には8人が立候補しましたが、当選したのはカジノ誘致反対を公約に掲げた山中竹春氏で、立憲推薦、共産、社民が支持していました。選挙後、山中氏は直ちにカジノ誘致撤回を表明し、横浜市政は大きく変わりました。投票率は2017年の市長選挙が37.2％、2021年が49.1％で10％以上増えていました。

　この投票率を**図表5−2**と同じように、年齢別、男女別で見たのが**図表5−5**です。**図表5−2**、**図表5−4**とやや形が違いますが、20代、10代の増加率が高くなっています。また30代以下はすべて女性の増加率の方が高く、40代、50代、60代は男性の増加率の方がやや高くなっています。

図表5-5　横浜市長選挙（2017年→2021年）性別・年齢別投票率増加割合

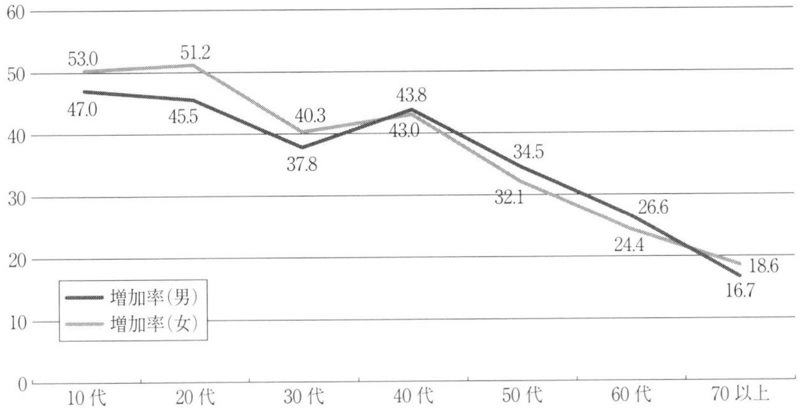

（出所：2021年横浜市「選挙のあゆみ第32集、横浜市長選挙（令和3年8月22日執行）」、2017年横浜市「第17回投票参加状況調査（平成29年7月30日執行 横浜市長選挙）」より筆者作成）

大阪市長選挙（2015年）と大阪市住民投票（2015年）

　大阪では維新の会が大阪市を解体する大阪都構想を進めています。大阪市を解体し特別区を設置するためには大阪市民による住民投票を行い、投票者の過半数の賛成を得なければなりません。維新の会は2015年5月に住民投票を実施しました。市民の視点から見るとこの住民投票は、地方政治を大きく変えるものではなく、維新の会による大阪市破壊を防げるのかどうかが争点でした。言い換えると、地方政治を大きく変えるのではなく、逆に地方政治を大きく変えさせない住民投票でした。住民投票の結果、投票した過半数の市民が大阪市の解体に反対の意思を表明したため、大阪都構想は挫折しました。大阪市を消滅の危機から救ったわけです。この住民投票の投票率は66.8％でした。

　同じ2015年の11月に大阪市長選挙がありました。この市長選挙は維新公認の市長が当選した選挙で、大阪市政はほとんど変化しない結果になりました。この選挙の投票率は50.5％でした。

図表5-6　大阪市長選挙（2015年）と住民投票（2015年）性別・年齢別投票率比較

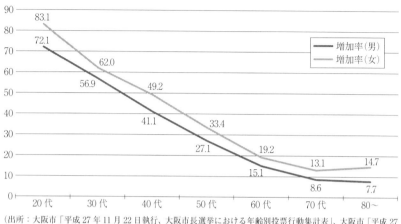

(出所：大阪市「平成27年11月22日執行、大阪市長選挙における年齢別投票行動集計表」、大阪市「平成27年5月17日執行、特別区設置住民投票における年齢別投票行動集計表」より筆者作成)

　この住民投票と市長選挙の投票率を、今までと同じように年齢別、性別に増加率を見たのが**図表5-6**です。増加率ですが、住民投票の投票率が市長選挙よりどの程度、多かったかで計算しています。この時はまだ10代に選挙権がなかったため、20歳以上になっています。すべての年齢層で投票率が増え、20代、30代は男女とも50%以上増えています。20代の女性は83.1%増ですから、市長選挙の1.8倍以上の20代女性が住民投票に行ったことになります。またすべての年齢層で女性の増加率が男性を上回っています。

　5月の住民投票は大阪市を守りたいという市民の意向が勝った画期的な住民投票でしたが、同じ年に行われた市長選挙の投票率と比べますと、16.3ポイントも高くなっていました。この投票率の上昇が住民投票で市民の勝利につながったと思います。

大阪市長選挙（2019年）と大阪市住民投票（2020年）

　維新の会は2020年11月に2回目の住民投票を実施しました。この

図表 5−7　大阪市長選挙（2019 年）と住民投票（2020 年）性別・年齢別投票率比較

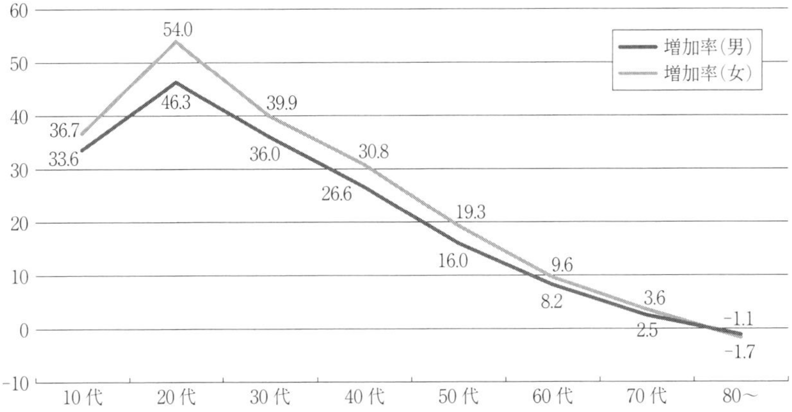

（出所：大阪市「令和 2 年 11 月 1 日執行、大阪市を廃止し特別区を設置することについての投票における年
齢別投票行動集計表」、大阪市「平成 31 年 4 月 7 日執行、大阪市長選挙における年齢別投票行動集計
表」より筆者作成）

時も投票した半数以上の市民が反対の意思表示をしたため、大阪都構
想は 2 回目の挫折に終わりました。この住民投票の投票率は 62.4％ で
した。

　その前年の 2019 年 4 月に大阪市長選挙がありました。この選挙は維
新公認の現職大阪府知事が大阪市長選挙に出馬し、維新公認の現職大
阪市長が大阪府知事選挙に出馬したため、クロス選挙と呼ばれました。
結果的には、大阪府知事、大阪市長とも維新の公認候補が勝ち、大阪
府政、大阪市政には大きな変化をもたらしませんでした。この大阪市
長選挙の投票率は 52.7％ でした。

　この住民投票と市長選挙の投票率を、**図表 5−6** と同じように年齢別、
性別に増加率を見たのが**図表 5−7** です。80 歳以上を除くすべての年
齢層で投票率が増加し、最も増えているのは 20 代、次いで 30 代、10
代になっています。また、80 歳以上を除き、すべての年齢層で女性の
増加割合が高くなっています。

　2020 年の住民投票も 2015 年と同じように、市長選挙よりも 10 ポイント投票率が高かったため、市民の勝利になったと思います。

大阪市長選挙と住民投票の推移

　2011 年以降、大阪市長選挙は 5 回行われています。ただし 2014 年の選挙は、投票率 23.6%、維新以外の主要政党は候補者を立てなかったため分析から省いています。2011 年の市長選挙は、当時大阪府知事であった橋下氏が維新公認候補で立候補し、反維新（自民、公明、民主、共産）は現職の大阪市長を擁立した選挙です。大阪府知事選挙、大阪市長選挙のダブル選挙で、前年に大阪維新の会が設立されたこともあり、市長選挙としては 40 年ぶりに投票率が 60% を超えました。2015 年、2019 年の選挙も構図は同じで、維新対反維新（自民、公明、立憲、共産）で戦われました。2023 年の選挙は、維新対反維新の構図ですが、共産が自主投票になり、構成はやや変わりました。住民投票は 2015 年と 2020 年に 2 回ありました。

　市長選挙と住民投票では性格が異なります。また、維新支持者の中にも大阪都構想には反対の方もおられ、その逆もあります。それらの点は保留し、4 回の市長選挙、2 回の住民投票の得票数、投票率を示したのが**図表 5 - 8** です。住民投票ですが、賛成は維新の得票、反対は反維新の得票にしています。投票率ですが、一番高かったのは 2015 年の住民投票で 66.8%、2 番目が 2020 年の住民投票で 62.4% でした。市長選挙の投票率ですが、2011 年を除くと 50% 前後です。維新の得票数ですが、2011 年の市長選挙を除くと、市長選挙、住民投票とも 60 万から 70 万の間で安定しています。反維新の投票数ですが、住民投票と 2023 年の市長選挙を除くと、40 万から 52 万の間です。

　維新は投票率に左右されず得票数が安定しているのに対し、反維新の得票数は投票率によってばらつきがあります。市長選挙の投票率が

図表 5 - 8　大阪市長選挙、住民投票の推移（得票数、投票率）

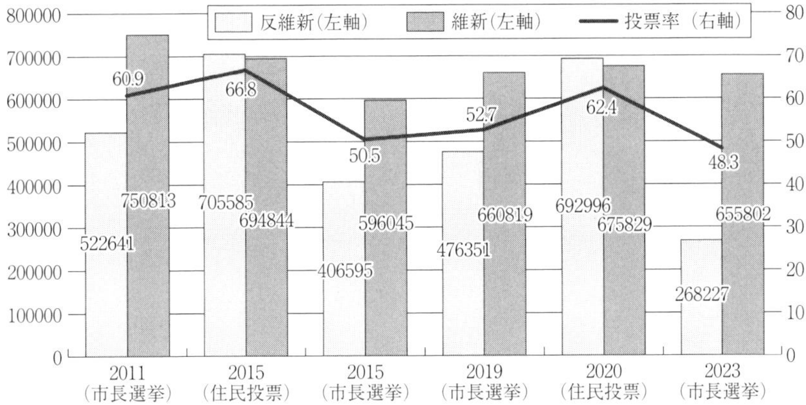

（出所：図表 5 - 6、図表 5 - 7 の資料及び大阪市「平成 23 年 11 月 27 日執行、大阪市長選挙・大阪府知事選挙
　　　の結果しらべ」、大阪市「令和 5 年 4 月 9 日執行、統一地方選挙の結果しらべ」から筆者作成）

50％ 前後の時は得票数が 40 万台前半ぐらいです。しかし住民投票で
投票率が 60％ を超えると、得票数が 70 万前後に増えています。有権
者の数は異なりますが、6 回の投票から計算しますと、おおよそ投票
率が 10％ 上がると投票数は 25 万票程度増えます。結局、住民投票で
は投票率が市長選挙より 10％ 以上増え、それによって増加した票の多
くは反維新票であり、それが 40 万代前半の反維新票に加算されて、住
民投票に勝ったのではないかと思います。

堺市長選挙の推移

　大阪市と同じように堺市長選挙の投票率、得票数を見ます。2009 年
は現職（自民、公明、民主、社民）に対して、竹山氏が橋下大阪府知事
の全面的な支援の下で戦い、現職を破った選挙です。共産は別の新人
候補を立てていました。まだ、大阪維新の会が結成されていませんが、
橋下知事の全面的な支援があったため、竹山氏の得票数を維新の得票
数にしています。また、この時点ではまだ反維新の連携もなかったの

図表5-9　堺市長選挙、得票数、投票率の推移

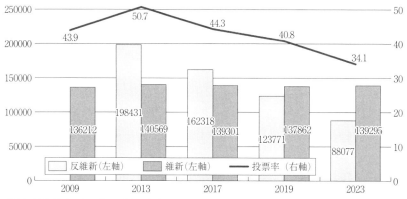

（出所：堺市「令和5年6月4日執行　堺市長選挙開票結果」、同令和元年6月9日執行、同平成29年9月24
日執行資料、Wikipedia「2013年堺市長選挙」「2009年堺市長選挙」より筆者作成）

で、反維新は空欄にしています。2013年の選挙は堺市も大阪都構想に
参加し堺市を廃止するのか、堺市を継続するのかが最大の争点でした。
現職の竹山氏は維新が進める大阪都構想に反対し、堺市を残すと主張
しました。自民、民主、共産、社民が反維新で竹山氏を推薦もしくは
支持しました。維新は別の新人を擁立しましたが、竹山氏の勝利にな
りました。この選挙は大阪市の住民投票と同じで、堺市を消滅から救
う大きな成果を残しました。2017年も同じ構図になり、竹山氏が3回
目の当選を決めました。2019年は竹山氏の辞任に伴う選挙で、維新公
認の新人が反維新の新人を破って当選しました。2023年は維新の現職
に対して反維新の新人が挑みましたが維新の現職が勝ちました。

　図表5-9は5回の堺市長選挙の投票率、維新、反維新の得票数を
グラフにしたものです。2009年の市長選挙はやや構図が異なりますが、
5回の市長選挙とも維新の得票数は13万6000票から14万票の間で
安定しています。一方、反維新の得票数ですが、2013年の19万8431
票から2023年の8万8077票まで下がっています。投票率ですが、反

維新が勝った 2013 年が 50.7％ でピーク、その後は徐々に下がり 2023 年は 34.1％ になっています。

　結局、維新は投票率に関係なく 13 万 6000 票から 14 万票を取っていますが、反維新は投票率の低下とともに得票数をその分減らし、2019 年、2023 年は負けたといえます。

地方政治を変える条件は投票率の上昇

　杉並区と大阪市、堺市の事例を見ましたが、地方政治を大きく変える、もしくは地方を破壊から防ぐ、そのような状況を選挙で生み出すための条件は、投票率を上げることです。

　今の政治に満足している人、今の政治の継続を期待している人は、選挙の重要性を理解しており、だいたい選挙に行っています。それに対して今の政治、社会には不満があるがどうしていいかわからないという人はどちらかというと選挙にはあまり行きません。そのような人々が、選挙に行って投票すれば政治、社会を変えることができるかもしれないと気づき、投票に行くと投票率が上がります。

　また、このままだと地域が破壊される。投票に行って反対の意思を表明すれば破壊から地域を防ぐことができるかもしれない。そのような思いで、普段あまり選挙に行かない人が投票に行くと投票率が上がります。

　そのような理由で投票率が上がるため、今の政治を変えたいという票が増え、地方政治の転換につながります。

　今の政治や社会の問題がどこにあるのかを市民に問いかけることが重要で、若者、女性への働きかけが特に重要です。今まで見てきましたが、地方政治が大きく変わるのは、若者、女性の投票率が上がった時です。見方を変えると、若者、女性が今の政治から大きな被害を受けているということです。先に見ましたが非正規の比率は女性の方が

明らかに高く、かなりの若者は将来に不安を抱えています。このような政治、社会の状況を若者、女性が変えたい、そのために投票に行こうとなれば、地方政治を変えることができます。

2　地方政治を変革する主体

知事選挙の構図

自治体の選挙は、知事選挙、市区町村長選挙、都道府県議会議員選挙、市区町村議会議員選挙の 4 種類あります。ここでは知事選挙をみます。知事選挙に出馬する候補者は公認候補以外に、無所属で政党の推薦を受ける場合、協定などを交わさず政党が自主的に支援する場合など、いろいろな場合がありますが、本書では公認、推薦、支援等は区別せずに、政党との関係を見ます。また、本章での分析対象は 2012 年 6 月から 2024 年 3 月までに実施された知事選挙です。政府レベルで見ますと、2012 年 12 月までは民主党政権で、その後は、自民、公明党政権です。本文中で与党、野党ということばを使っていますが、与党、野党を 2012 年 12 月で入れ替えると複雑なので、2012 年 12 月以前も含めて与党に分類するのは自民、公明、それ以外は野党に分類します。12 年間を 3 つの期間に分けて、47 都道府県知事選挙の傾向を見ます。基本的に知事選挙は 4 年ごとに実施されますが、知事の辞任などがあると、選挙期間がずれるため、3 期間の一部が重複しています。

知事選挙の構図は以下の 5 つに分類します。多数の候補者が立候補する知事選挙もありますが、国政政党が推している候補者等を中心に分類します。

A（与野党相乗り）：与党（自民、公明）と野党の一部（立憲、国民など）が同じ候補者を推し、共産党は別の候補者を擁立した選挙。ただし、公明は自主投票という場合や、共産が候補者を擁立しない場合も含めます。

Ｂ（保守分裂）：保守系の有力な候補者が二人以上立候補し、共産は別の候補者を擁立した選挙。与党、野党がどちらかの保守系候補を推す場合があり、共産が候補者を擁立しない場合も含めます。

Ｃ（3極構造）：与党、共産を除く野党、共産が各々候補者を擁立した選挙。

Ｄ（野党共闘）：与党と野党共闘（立憲、共産、社民など）が各々候補者を擁立した選挙。もしくは保守が分裂し、保守系候補者2名以上と野党共闘の候補者による選挙。立憲が自主投票で、野党共闘が共産、社民の場合も含めます。野党共闘は野党の共闘が成立した選挙です。

Ｅ（その他）：維新が公認候補を擁立し、自民、立憲、共産などが別の候補者を推した場合など。

知事選挙の構図はどう変わっているか

　前々回の知事選挙で最も多かったのは、与野党相乗りの61.7％でした。それに保守分裂（12.8％）を加えますと74.5％で、四分の三になります（**図表5-10**）。野党共闘は12.8％、三極構造は10.6％でした。民主党政権の時は、国政レベルで自民と公明、民主と社民、共産という三極構造になっていたため、地方政治でもそのような構図がある程度成り立っていました。

　前回の知事選挙では、与野党相乗りが55.3％に減り、保守分裂も10.6％に減っています。2015年の安保法制以降、国政レベルでは野党共闘が一定程度進みました。同じ時期、地方政治でも野党共闘が増えて25.5％になり、三極構造は減っています。

　最新の知事選挙では、与野党相乗りが減り、保守分裂とその他が増え、野党共闘と三極構造は変わっていません。

　全体的にみると与野党相乗りはこの12年間で61.7％から44.7％まで減少しています。これに保守分裂を加えますと、74.5％から61.7％

図表 5 - 10　知事選挙の構図

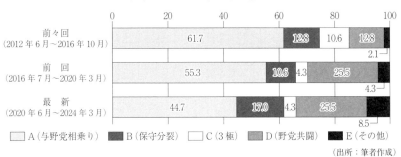

（出所：筆者作成）

まで減っていますが、いまでも知事選挙の6割以上は与野党相乗りか保守分裂です。野党共闘は前々回から前回にかけて2倍になりましたが、その後は増えておらず、現在野党共闘の割合は知事選挙全体の四分の一です。

野党共闘路線の拡充が必要

　現在の政治や社会に不満があり、それを変えたいと考えている市民に対して、4章で述べたような政策を示すことは重要ですが、それだけでは選挙で状況を変えることができません。選挙で状況を変えるためには、どの候補者、どの政党が選挙で伸びれば、その政策が実現できるかを市民が把握できなければなりません。

　ところが、選挙の全体的な構図が与野党相乗りや保守分裂になり、マスコミがどの候補者が有利かというような当落予測を繰り返しているだけだと、市民の関心が高まりません。

　地域にはその地域の独自性がありますが、地域のことを考えているだけでは、その地域はよくなりません。国政と地方政治の両面をとらえ、何が問題で、どうすればいいのかを考える必要があります。そのため、地方政治を大きく変えるためには、国政レベルでの野党共闘を、各地域でその地域の実情に応じて確立し、発展させる必要があります。

各地域で野党共闘が成立し、共通した政策が出されるようになると、市民も対抗軸を認識しやすくなります。

　ところが先にみたように知事選挙で野党共闘が成立しているのは四分の一です。1970年代の地方選挙は、保守か革新かで対抗軸が明快でした。ただし、革新といっても、地域で何を重視するかは異なり、すべての地域で同じ政策を掲げていたわけではありません。今の地方政治は、4章で述べたように、自治と公共性の再生を大きな対抗軸とし、各地域の実情に合わせた地域政策として発展させなければなりません。そのような地域政策をわかりやすく示し、その主体として野党共闘を位置づけることができると、地方政治は大きく変わると思います。

　社会や政治に対する市民の不満が高まっているにもかかわらず、野党共闘が確立できないと、その不満を維新にさらわれたりします。維新は関西から全国に勢力を広げようとしていますが、それを食い止める最大のポイントは、市民の不満を解決できる主体として野党共闘をその地域で成立させることができるかどうかです。

あとがき

　地域の将来は、医療、福祉、教育、地域経済、まちづくりなど、様々な面から考えなければなりません。行政が個々の分野で最善の政策を考えるのは重要で、そのポイントは本書で述べてきた「自治と公共性の再生」です。同時に様々な政策を貫く背骨がしっかりとしていなければなりません。その背骨は「人づくり」です。地域経済を通じてどのような人をつくるのか、まちづくりを通じてどのような人をつくるのかが重要です。この点について最後に触れておきます。

　地域で取り組む「人づくり」とは、どのような人を意味するのでしょうか。それは「自治能力の高い人」です。地域に愛着を持ち、地域のことを真剣に考え、地域をよくするために広範な市民と共同し自覚的に行動できる人、そのような人を意味します。

　たとえば行政職員が、企業の経営者、市民などとともに地域経済政策を立てる場合、企業の実情を把握し、企業や市民の抱える問題点に応えられるようにしなければなりません。しかしそれだけでは不十分です。企業の経営者が、そのような取り組みを通じて、企業の発展を地域との関係でとらえるようになるかどうかが重要です。企業が大きくなればさっさと別の地域に移転しようと考えている企業ばかりでは、地域経済の持続性は期待できません。地域の市民を従業員として雇用した場合、従業員が子育てしながら働き続けるためには保育所や学童保育の充実が重要となります。また、中小企業では若手の従業員同士が交流する機会も多くないと思います。地域の中小企業の従業員が交流できるような仕組みがあれば、若者同士が交流し、悩みを相談したりすることができ、従業員の離職が減るかもしれません。企業の経営者が地域に対する視野を拡大することができるかどうかが大切です。

　社会教育によって市民が様々なことを学び、いくつになっても学ぶ

ことの楽しさを感じ取ることは重要です。しかしそれだけでは不十分です。この範囲にとどまるのであれば民間のカルチャースクールを誘致すればいいでしょう。自治体の政策として社会教育を進める以上、自分だけが学ぶのではなく、より多くの市民とともに学ぶ楽しさを実感できるような取り組み、学ぶ環境を自ら作り出す取り組み、そして学んだことを地域で生かせるような取り組みが重要です。

では、「自治能力の高い人」をどうすれば育成できるのでしょうか。その話の前に大前提を確認しておきます。それは行政がそのような市民の育成を重要視しているかどうかです。「自治能力の高い人」が増えると困る、市政の問題点を指摘するような市民は少ない方がいい、そのように行政が考えているのであれば、「自治能力の高い人」を行政が育成するのはそもそも不可能です。5章で述べましたが、そのような行政の姿勢を改めるところから始めなければなりません。

さて、人間は実践を通じて成長します。市民が地域にかかわること通じて、自治能力を磨くことができます。市民参加は重要ですが、その理由は市民の意向を把握し、それを政策に反映するためだけではありません。そこにとどまる限り、それは「俺に任せておけ」という善政主義です。市民参加が重要なのは、市民が様々な面を通じて地域にかかわり、地域の実情を理解し、その改善を自ら考える、そのような実践にかかわることができるからです。言い換えると市民参加というのは、市民が成長する実践過程です。善政主義では「自治能力の高い人」を育成できません。

行政は様々な仕事をしなければなりませんが、最も重要な仕事は「自治能力の高い人」を育成することです。これができなければその地域の将来は展望できません。市民を育てる仕事は最も困難で難しい仕事です。しかし「自治能力の高い人」は、そのような仕事を重視している行政を支え、行政の最も強い味方になります。

　「自治能力が高い人」を育成するのは行政だけの仕事ではありません。市民の取り組みを通じて「自治能力の高い人」を育成することができます。たとえば様々な要求実現活動があります。要求実現活動は、その要求を実現するための活動ですが、市民参加と同じで市民が実践的に成長できる過程でもあります。そのため要求が実現できれば成功、実現できなければ失敗ではありません。その過程でどれだけ市民が成長するかも重要なポイントです。このような市民活動が数多く取り組まれている地域は、その諸活動を通じて「自治能力の高い人」が多数生まれます。先に述べたように、行政が大前提を欠いている場合は、いずれ自治体を変えることができるでしょう。

　市民活動を通じて市民が成長するためには、その会の民主的な運営が不可欠です。年齢、性別、社会的地位、居住年数などに関係なく自由に発言でき、参加者全員できちんと議論できなければなりません。そのような保障がなければ市民の成長につながりません。

　歴史的な資源が少ない、豊かな自然も見られない、有名な地場産業もないと自分の地域を悲観する必要はありません。地域を人が育つ場にできているかどうかが、地域を評価するうえで最も重要な基準です。そのような視点をもって地域にかかわるべきだと思います。

　本書の出版は自治体研究社にお願いしました。自治体研究社から出版していただいた本が、本書でちょうど10冊になりました。今回の編集者は深田悦子さんです。自治体研究社と深田さんに改めて感謝します。

著者紹介

中山　徹（なかやま・とおる）
1959 年大阪生まれ、京都大学大学院博士課程修了、工学博士
現在、奈良女子大学名誉教授、自治体問題研究所理事長
専門は、都市計画学、自治体政策学

主な著書
『大阪の緑を考える』東方出版、1994 年
『検証・大阪のプロジェクト』東方出版、1995 年
『行政の不良資産』自治体研究社、1996 年
『公共事業依存国家』自治体研究社、1998 年
『地域経済は再生できるか』新日本出版社、1999 年
『公共事業改革の基本方向』新日本出版社、2001 年
『地域社会と経済の再生』新日本出版社、2004 年
『子育て支援システムと保育所・幼稚園・学童保育』かもがわ出版、2005 年
『人口減少時代のまちづくり』自治体研究社、2010 年
『よくわかる子ども・子育て新システム』かもがわ出版、2010 年
『人口減少と地域の再編』自治体研究社、2016 年
『人口減少と公共施設の展望』自治体研究社、2017 年
『人口減少と大規模開発』自治体研究社、2017 年
『人口減少時代の自治体政策』自治体研究社、2018 年
『だれのための保育制度改革』自治体研究社、2019 年
『子どものための保育制度改革』自治体研究社、2021 年

地域から築く自治と公共

2024 年 6 月 25 日　　初版第 1 刷発行

著　者　中山　徹

発行者　長平　弘

発行所　㈱自治体研究社
〒162-8512 新宿区矢来町 123　矢来ビル 4 F
TEL：03・3235・5941／FAX：03・3235・5933
http://www.jichiken.jp/
E-Mail：info@jichiken.jp

ISBN978-4-88037-767-4 C0031

印刷・製本／モリモト印刷株式会社
DTP／赤塚　修

自治体研究社 ━━━━━━━━━━━━━━━━━━

国家安全保障と地方自治
―「安保三文書」の具体化ですすむ大軍拡政策

井原聰・川瀬光義・小山大介・白藤博行・永山茂樹・前田定孝著 　定価 1980 円

「防衛産業強化法」「経済安保法」「防衛財源確保法」など「安保三文書」を具体化する政策が強行され、「戦争する国」への準備がすすむ。憲法と地方自治法の視点から、「戦争する国」づくりの問題点を問う。

マイナンバーカードの利活用と自治
―主権者置き去りの「マイナ保険証」「市民カード」化

稲葉一将・岡田章宏・門脇美恵・神田敏史・
長谷川薫・松山洋・森脇ひさき著 　定価 1430 円

健康保険証、図書館カード、交通パスなどとマイナンバーカードの紐づけが進む。分散管理されてきた個人情報が 1 枚のカードに集約され二次利用される。私たち国民の個人情報は守られるのか？

デジタル化と地方自治
――自治体 DX と「新しい資本主義」の虚妄

岡田知弘・中山徹・本多滝夫・平岡和久著 　定価 1870 円

「デジタル田園都市国家構想」は市民を置き去りにして、地域活性化の切り札として展開する可能性が高い。地方行政のデジタル化はデジタル集権制の性格を強め、地方自治の基本を揺るがす。

医療 DX が社会保障を変える
――マイナンバー制度を基盤とする情報連携と人権

稲葉一将・松山洋・神田敏史・寺尾正之著 　定価 1210 円

国民の個人情報と、電子カルテなどの医療情報や各種健診情報を連携させる仕組みづくりが始まっている。この「改革」は、社会保障制度や医療の現場をどう変えるか。

学校統廃合と公共施設の複合化・民営化
――PPP/FI の実情

山本由美・尾林芳匡著 　定価 1100 円

教育的視点や民意を置き去りにした学校統廃合と公共施設の複合化・再編が PPP/PFI の手法で進む。「地域の未来」の観点から問題点を指摘。

行政サービスのインソーシング
――「産業化」の日本と「社会正義」のイギリス

榊原秀訓・大田直史・庄村勇人・尾林芳匡著 　定価 1760 円

日本では公的サービスのアウトソーシング、民営化、産業化が唯一の選択肢とされるが、それは正しいのか。日英比較を通して多角的に考察。

住民に身近だからこそ輝く自治の軌跡

全国小さくても輝く自治体フォーラムの会・自治体問題研究所編 　定価 1980 円

「平成の合併」に与せず自律（立）の道を選択した、小さな自治体による、住民に身近で小さいからこそできる先進的な取り組み（文化観光まちづくり、高校魅力化、少子化対策など）を紹介する。